在 2024 年 當[愚者]遇上了[力量]

愚者の旅曆

2024

Journey
of
The Fool

U0064282

追尋力量

當你踏上旅程 將會行走於自我覺察的路上

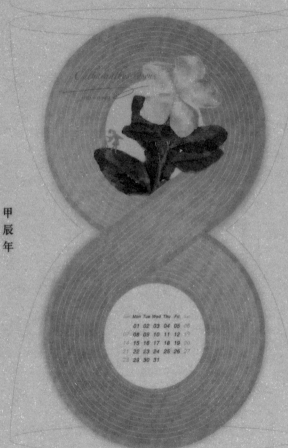

甲辰年

2024

Sun Mon Tue Wed Thu Fri Sat
01 02 03 04 05 06
07 08 09 10 11 12 13
14 15 16 17 18 19 20
21 22 23 24 25 26 27
28 29 30 31

愚者追尋力量

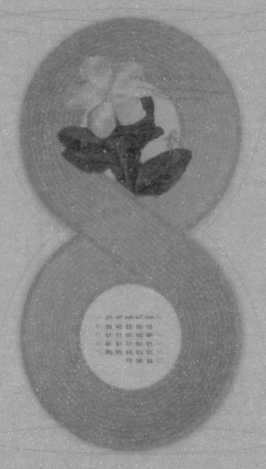

2024
癸卯年
十一月廿十
月曜日

01

01.
JANUARY

當我決定放下那些限制我的經驗與想法，所有未來的可能性，都將為我敞開。

愚者追尋力量

願我們都能保有一顆自由的、喜悅的心

2024
癸卯年

十一月廿一
火 曜 日

01
/
02.
JANUARY

我決定，要相信我是很幸運的人，並且快樂的去享受，任何小幸運的事情。

愚者追尋力量

願我情今天使沒見已佛用一個小明況讓

2024
癸卯年
十一月廿二
水曜日

01
03.
二
JANUARY

問題存在的理由，是為了要被解決、是為了更加進步、是為了打破規則。

愚者追尋力量

2024
癸卯年
十一月廿三
木曜日

01
04.
四
JANUARY

我願意為了自己內在花園的豐饒，

在自己的內心，埋下希望的種子。

愚者追尋力量

願我們都能被世界溫柔的對待

2024
癸卯年

十一月廿四
金曜日

01
05.
JANUARY

五

我擁有的快樂與平靜，是來自於放下了，眼睛看不見的憂慮，與放不開的現在。

愚者追尋力量

願你今天能夠經過咖啡廳於薄荷綠

願你今天能夠經過咖啡廳於薄荷綠

24 節氣

Twenty-four
Solar
Terms

01
/
06.
JANUARY
六

張開眼睛，好好地看清楚，現在的
身處環境、身處空間，是不是真的
適合自己？

小寒。

**LESSER
COLD .**　補血、補氣、補陰、補陽最佳時機，
宜吃點南瓜、蘿蔔燉湯。

【南瓜＋蘿蔔】

歡迎睛親不在周圍之內心篤定重生錢

2024
癸卯年
十一月廿六
日曜日

01
/
07.
JANUARY
日

不管想完成的是，小的目標、大的目標，都需要你去「開始」行動才是最重要的。

THE MAGICIAN
8 8
THE MAGICIAN

愚者追尋力量

願你今天能夠改變一個小小的想法，為自己帶來一個大大的禮物

我想確認的那一個答案，就在自己的心裡，正等待著我的提問。

愚者追尋力量

願我們都明白自己不夠完美是正常的

2024
癸卯年

十一月廿八
火曜日

停止！別讓自己把焦點，放在內心不想要的結果上面。

愚者追尋力量

願我情今生後世已經是一個小小的狐嬌

2024
癸卯年

十一月廿九
水 曜 日

01
/
10.
三
JANUARY

我們都體驗過，情緒失控後的結果。
那通常會為自己的未來，帶來無盡
的後悔。

愚者追尋力量

願你今天也可以是別人眼前美好的神奇

2024
癸卯年

十二月初一
木曜日

01
11.

JANUARY

四

未來的你，想要過著什麼樣的生活？你是有主導權的！別輕易放棄！別將你的權力交給別人。

愚者追尋力量

願我情今天能使其中一個和的美夢

願我情今天能使其中一個和的美夢

2024
癸卯年

十二月初二
金曜日

01
12.
JANUARY
（五）

丟掉一樣，你想要但其實並不需要的東西，好運才有空間進駐你的生活。

愚者追尋力量

關你今天的遙絕境咽吸未積存寮坐

2024

癸卯年

十二月初三

土曜日

讓自己的身體，去感受到你的愛與溫暖。用雙手溫柔地，摸摸自己的臉，對鏡中自己，做出一個笑臉。

愚者追尋力量

願我們都不去用匱乏的心態去看待金錢

2024
癸卯年

十二月初四
日曜日

不需要等到有空才做，在今日，你就可以簡單的犒賞自己。看喜劇片、和朋友出遊，不需耗費大量時間或金錢，也能去做讓自己開心的事。

愚者追尋力量

願我們都明白自己值得美好的事物

2024
癸卯年
十二月初五
月曜日

01
15.
JANUARY

當你確定，這不是你想放棄的事情。
那就別遲疑不前，不要猶豫不決！

愚者追尋力量

願你今天能夠專注在需要完成的事情上

2024
癸卯年
十二月初六
火 曜 日

01
/
16.
二
JANUARY

都說船到橋頭自然直,如果橋頭不直的話,我也能夠把它給撞直。

愚者追尋力量

願我們今天能為自己做出一個小小的改變

2024
癸卯年

十二月初七

水 曜 日

01

17.

三

JANUARY

遇到挫折時，更要對自己好。吃飽、穿好、睡好，就會有精神為自己再拼一次。

愚者追尋力量

讓你今天可以看到別人美好的神乎

2024

癸卯年

十二月初八

木曜日

01

18.

JANUARY

（四）

在這世界上，有著努力卻無法擁有財富的人。有著什麼都不必付出，就輕易擁有一切的人。先天的不公平是存在的。而後天的生存，你可以為自己創造出，想要的樣子與生活。

愚者追尋力量

願你今天無論遇到什麼，都能夠好好的對待他人

2024
癸卯年
十二月初九
金曜日

01
19.
㈤
JANUARY

關於給予愛的這件事，你可以尊重身邊女人的陽剛性格，給她發揮的空間；你可以接納身邊男人的陰柔面向，給他表達的空間。

愚者追尋力量

國你今天能夠輕鬆地喝到乾淨水嗎是

國你今天能夠輕鬆地喝到乾淨水嗎是

你的家、你的房間、呈現了你的樣子。好好看清楚現在的樣子，是不是你想要成為的那個樣子。

大寒。

GREATER COLD. | 宜來碗羊肉湯、烏骨雞湯溫暖胃與心。

【雞湯】

國恨情愁永不再用置支的心能永遠傳遞錢

國恨情愁永不再用置支的心能永遠傳遞錢

2024

癸卯年

十二月十一

日曜日

01
/
21.

JANUARY

不要習慣性地去忽略，直覺閃過的瞬間。請靜下心，傾聽別人給你的聲音。

愚者追尋力量

願你今天能夠遇到一個喜歡現在這個自己的人才好。

2024

癸卯年

十二月十二
月曜日

01
/
22.
JANUARY

在與所有的人際關係相處中，我選擇從壓抑、內疚和束縛裡釋放出來。

愚者追尋力量

願你能夠明白，你真的真的值得被愛

2024
癸卯年
十二月十三
火曜日

有沒有發現？你很願意關心別人，但卻常常忽略自己的需求。別對自己這麼小氣好嗎？你可以對自己再大方一點點。

愚者追尋力量

戀愛情今天能發見自己從那一個小圈小的死灰

你可以怕東怕西，之後找出克服恐懼的方式，再前進也沒有關係；你可以這個不做、那個不做，之後從內心找出渴望的方向，再去做就可以。

愚者追尋力量

願你今天可以看到別人美好的地方

2024
癸卯年

十二月十五
木曜日

01
/25.
JANUARY
四

為了要和他人和平共處，我們會選擇，在其他人的面前不做自己。為了讓自己看起來和大家都一樣，學會了把心事放在心裡。卻忘了，有許多身體疾病，都和壓抑自己的內心感受，有直接的關係。

愚者追尋力量

願我們都能被世界溫柔的對待

2024
癸卯年

十二月十六
金曜日

01
/
26.
㊄
JANUARY

只要有真心想做的事情，無論偉大
或渺小，都可以成為夢想。

愚者追尋力量

願你今天能夠透過呼吸來釋放緊張

2024
癸卯年

十二月十七
土曜日

為自己準備，一個舒適且安靜的空間，用耐心去好好陪伴自己，對自己溫柔一些。

PENTACLES ∞ PENTACLES ∞ PENTACLES ∞ PENTACLES ∞

愚者追尋力量

願我情報大系由匱乏的心靈手達拿後

2024
癸卯年
十二月十八
日曜日

01
28.
JANUARY

待在舒適圈，能感到安全與放心。當你願意試試看，探索不同的事物時，這個宇宙就會賜予你新的體驗。

愚者追尋力量

願你能夠明白，你值得被信任

2024
癸卯年

十二月十九
月曜日

01
/29.
JANUARY

看事情角度有所不同，根本沒有誰對誰錯之分。協調並非是妥協，當無法認同對方的觀念時，請務必要讓對方先感受到，你願意傾聽與溝通的善意。

愚者追尋力量

願你今天可以放下一切不必要的恐懼

01
30.
二
JANUARY

你需要很明確的表現，自己的底線在哪，什麼事情可以配合、什麼狀況你會堅持已見，並且讓每個人都了解你的原則。

愚者追尋力量

願我們今天能為自己做出一個小小的改變

2024
癸卯年
十二月廿一
水曜日

01
31.
JANUARY
三

別因為相處久了、別因為太熟悉彼此、別因為關係穩定，而疏於瞭解你最在乎的那個人。

SWORDS SWORDS SWORDS SWORDS

愚者追尋力量

勇敢今天不一定比昨天好但只要朝著夢想前進

FEBRUARY

甲辰年

2024

Ajuga reptans.

0/95 C21 M64

Sun	Mon	Tue	Wed	Thu	Fri	Sat
				01	02	03
04	05	06	07	08	09	10
11	12	13	14	15	16	17
18	19	20	21	22	23	24
25	26	27	28	29		

∞

愚 者 追 尋 力 量

甲辰年

2024

Sun Mon Tue Wed Thu Fri Sat
01 02 03
04 05 06 07 08 09 10
11 12 13 14 15 16 17
18 19 20 21 22 23 24
25 26 27 28 29

太累的時候，稍微躺一下吧！把心調整好，對自己笑一笑，再站起來就好。

愚者追尋力量

願你今天無論到別處，都能夠好好的疼惜他人

信你所愛、愛你所信。安全感，需要自己能有信心去信任才能持久。

愚者追尋力量

闖仲今天堂到後邊過時呼水續赤窓差

闖仲今天堂到後邊過時呼水續赤窓差

2024
癸卯年

十二月廿四
土曜日

02
03.
六
FEBRUARY

想想童年時代的自己，有哪些事情可以讓你輕易地就擁有快樂呢？去做做看吧！讓這些單純的行動，實踐小時候的夢想，來得到心的滿足。

PENTACLES 8 PENTACLES 8 PENTACLES 8 PENTACLES 8

愚者追尋力量

願我們都不去用匱乏的心態去看待金錢

24 節氣

Twenty-four
Solar
Terms

02
04.
FEBRUARY
日

為自己創造一個小小的世界、安全的空間。讓外界的聲音無法打擾你，讓你無法承受的關心稍微暫停一下。

立春。

BEGINNING
OF SPRING.

來盤充滿生機的豆芽菜吧！

【豆芽菜】

願我們可以放下自己過去的錯誤

2024

癸卯年

十二月廿六
月曜日

當你感覺黑暗時刻、憂鬱情緒，並不是因為光明、快樂不見了。走出大門、敞開心胸時，它們就在那裡等你。

愚者追尋力量

2024
癸卯年

十二月廿七

火曜日

02
06.
FEBRUARY

今天吃東西的時候，不要抱著罪惡感、不要抱著想吃又不敢吃的心態。讓吃東西成為一種純粹的享受吧！

愚者追尋力量

願妳表情今就發見自己能寫出一個小小的欣鸞

2024
癸卯年
十二月廿八
水曜日

02
07.
三
FEBRUARY

刻意去忘記，是難以做到的，不如認真感受傷痛，讓傷口慢慢復原。

愚者追尋力量

願你今天可以看到別人美好的地方

2024
癸卯年

十二月廿九
木 曜 日

02
/
08.
四
FEBRUARY

當你發現所做的事情，已經不具意義時，那麼堅持下去，就是最大的浪費。

愚者追尋力量

願你今天能夠有足夠的時間去做好想做的事情

2024
癸卯年

十二月三十
金曜日

02
09.
（五）
FEBRUARY

抽空和朋友聚聚是很重要的。不管是新結識的朋友、閨或是麻吉，好好的和朋友玩樂，暢所欲言，來抒發壓力。

愚者追尋力量

願你今天能夠經過嘰嘰喳喳亦能放鬆

願你今天能夠經過嘰嘰喳喳亦能放鬆

2024
甲辰年

一 月 初 一
土 曜 日

02
10.

六
FEBRUARY

財富除了是在物質世界的豐盛與滿足，也是內心世界的充實與快樂。

愚者追尋力量

願我們都不去用匱乏的心態去看待金錢

需要的答案若與學識有關，只需要
翻閱書本或是向有經驗的人請教。
需要的答案若關於自身，那麼只有
靜下心來，先用理性的標準去看清
楚該做什麼，再用感性驅使自己去
付諸行動，便能得到答案。

愚者追尋力量

願我們今天都能尊重自己的決定

2024
甲辰年

一月初三
月曜日

02
12.
FEBRUARY

對於你未來想做的事情，可以把現在這個階段，當作是個籌備期。持續準備做你能做的事。等待自己準備好了，再去創造新的發展。

愚者追尋力量

願你今天可以感受到平靜的美好

2024
甲辰年

一月初四
火曜日

02
13.
FEBRUARY

溝通是要雙向的，才能真的成立。
若你只是選擇妥協，卻沒有講出心
裡的聲音，那麼假裝接納，又能支
撐多久呢？

愚者追尋力量

願我們今天能為自己做出一個小小的改變

如果現在的你，真的過著幸福快樂的好日子。那麼不改變現況，根本就無所謂，畢竟去追求新事物，都是為了讓自己變得更好、更開心。

愚者追尋力量

願你今天也在日常裡遇到美好的瞬間

2024
甲辰年

一月初六
木曜日

誰說一定要配合別人，什麼都要勉強自己接納才可以？在自己的生活環境中，你就是可以掌控一切，為自己打造最舒服的空間。

愚者追尋力量

願我們今天能做出一個新的嘗試

2024
甲辰年

一月初七
金曜日

就當作是在存錢般，存半小時無憂無慮的放空，存十分鐘的悠閒，存一小時的獨處。很快很快，你可以成為主導自己生活的人，放開焦慮找回幸福感。

愚者追尋力量

廚作今天使的發炎的咽喉痛和鼻塞是

2024
甲辰年

一月初八
土曜日

02
17.
FEBRUARY
六

幫別人解決問題很棒，再多花一點時間，教會別人解決問題更棒！

愚者追尋力量

2024
甲辰年

一月初九
日曜日

02
/ 18.^日
FEBRUARY

那位離開你生命的人，其實已經不再重要。而未來那個愛你的人，正在等你，能夠給他機會來愛你。

愚者追尋力量

讓我們今天能夠不一個難的作令

24 節氣

Twenty-four
Solar
Terms

02
/
19.一
FEBRUARY

帶著不公平的眼光，去看他人和自己時，會無法看到真實的他人、真實的自己，就算身邊有好運來敲門，你都會視而不見。請試著用平等的眼光，來看待一切人、事、物。

雨水。

微甜的桂圓紅棗紫米粥
為你滋脾補胃、養血安神。

【桂圓＋紅棗】

願我們今天可以打從心底對外綻放出一個真心的微笑

回顧自己過去的幾個月，有沒有美好的回憶呢？現在一起創造吧！

愚者追尋力量

關我情分天種滾貝已佛串一個八個求護

2024
甲辰年
一月十二
水曜日

02
21.
FEBRUARY
三

要去喜歡一個，能夠讓你生活變得更美好的人；要去愛一個，能夠讓你從不開心的情緒走出來的人。

愚者追尋力量

願你今天可以看到別人美好的地方

2024
甲辰年
一月十三
木曜日

02
/
22.
FEBRUARY
四

或許有一點點難！我們一起來練習，讓自己的情緒，不被他人的言語或是情緒掩蓋。

愚者追尋力量

我知道自己並不是一個完美的人，
但這不妨礙我想努力地、快樂地成
為一個更好的人。

愚者追尋力量

願你今天能夠透過呼吸來釋放緊張

2024
甲辰年

一月十五
土曜日

02
/24.
六
FEBRUARY

去觀察，這星期的努力付出，是否與成果成正比？是否得到你想要的結果？

愚者追尋力量

願我情報不再困夏支的心能否是待委屈

2024
甲辰年

一月十六
日曜日

02
25.
日
FEBRUARY

你可以強迫自己要理性、要長大。
但沒有必要靠自我欺騙，來相信自
己可以。

愚者追尋力量

願我們都能真正的去享受金錢帶來的美好

2024
甲辰年

一月十七
月曜日

你所付出的，應該讓對方有良好的感受，而不是深受其擾。

愚者追尋力量

願你今天能夠感受到安全，一切都安好

2024
甲辰年

一月十八
火曜日

02
/27.
二
FEBRUARY

靜心下來去想想，這一生最想做的事情是什麼？已經完成的，請給自己一個鼓勵「我真的很棒」。尚未完成的，有什麼事可以現在就去做的？請幫自己加油打氣，開始行動。

愚者追尋力量

2024
甲辰年

一月十九
水曜日

02
/28.
二
FEBRUARY

下大雨的時候，看向窗外、聆聽雨聲，靜靜的深深的吸一口氣、吐出一口氣，再做一次。讓大自然的雨聲，為你洗滌自己的心。

愚者追尋力量

願你今天可以看到別人美好的地方

2024
甲辰年

一月廿十
木曜日

02
/29.
FEBRUARY
（四）

當你找到在心中，那個小小的孩子。請讓這個孩子知道，他多麼被你珍惜、被你愛著。

愚者追尋力量

願我讓今天使你出現一幅新的景況

MARCH

甲辰年

2024

Calendula officinalis

Sun	Mon	Tue	Wed	Thu	Fri	Sat
					01	02
03	04	05	06	07	08	09
10	11	12	13	14	15	16
17	18	19	20	21	22	23
24	25	26	27	28	29	30
31						

愚者追尋力量

2024
甲辰年
一月廿一
金曜日

03
01.
MARCH
五

一件過去發生的事情，也許造就了你的某一部分，一直停留在那裡沒有出來。然而，時間不停的往前並不停留，沒有往前的你，無法為那個被困住的你，創造新的未來。

愚者追尋力量

關你今天能夠將適個吃味來精吃飯走

2024
甲辰年

一月廿二
土曜日

03
/
02.
㈥
MARCH

為未來想要的結果，加一點正面的
期待，加一點快樂的心情，加一點
自己可以的信心，然後為自己做出
一個成功的微笑。

愚者追尋力量

願我們都不再用匱乏的心態去愛誰愛誰

03
03.日
MARCH

雖然那個人已經離去，但我被愛過的事實，不曾有一點的改變。過去是被愛的，未來當然也一定能再得到愛。

愚者追尋力量

讓你能夠明白，你的好壞，你可以作主宰自己

2024
甲辰年

一月廿四
月曜日

03
/
04.
一
MARCH

據說越是雜亂的桌面，越能反應出人類大腦的靈活度。不過，當你因為工作、代辦事項，而有所煩躁的時候，整理桌面真的是絕對紓壓的練習。

愚者追尋力量

願你今天能夠平安安穩並且擁也平穩的睡眠

24 節氣

Twenty-four
Solar
Terms

03
05.
MARCH

給對方越多的注意力，絕對不是會讓你開心的方式。在關係裡獨立一點，雙方都會開心。

驚蟄。

WAKING
OF INSECTS.

來杯蜂蜜水、吃幾顆開心果，養出你的好心肝。

【開心果】

願我情今天能找見另一個小小的祕密

願我情今天能找見另一個小小的祕密

2024
甲辰年

一月廿六
水曜日

03
/
06.
MARCH
三

別讓自己活在過去所發生的，而忘記未來自己想要追求的。

SWORDS 8 SWORDS 8 SWORDS 8 SWORDS 8

愚者追尋力量

願你今天可以看到別人美好的地方

2024
甲辰年

一月廿七
木曜日

03
/07.
MARCH
（四）

當個人的表現，必須去顧慮別人的眼光，讓表現成果看起來是好的。那樣的方式，會讓我們總是感到疲憊、精疲力竭。

愚者追尋力量

願你今天能夠有足夠的時間去做好想做的事情

2024
甲辰年

一月廿八
金曜日

03
08.
MARCH
（五）

生活中課業、工作真的很繁重，讓人感到疲累。請在前進的過程中，增加一些好玩有趣、新鮮刺激的事物，能夠支持你更有動力去完成。

愚者追尋力量

願你今天能夠透過呼吸來釋放緊張

2024
甲辰年

一月廿九
土曜日

03
/
09.
MARCH
六

放下那些不會讓你更圓滿的事，放開那些一直阻礙你前進的瑣事，丟掉那些過去不快樂的回憶。為什麼不呢？

愚者追尋力量

關於情報不名用置之的心確主星传必錄

2024
甲辰年

二月初一
日曜日

03
10.
日
MARCH

去真正的關心自己，吃好吃的、睡飽飽的。去真心的關心別人、了解別人，用好的態度對待別人。這樣轉變你的思考和想法，一定會為你吸引更好的機會。

愚者追尋力量

願你今天能夠輕鬆的、快樂的、盡全力完成自己的時間

2024

甲辰年

二月初二

月曜日

03
/
11.一

MARCH

向內在去觀察看看，你是否有享受你的生活？如果沒有，那是為什麼？一定不是因為你不值得。把答案找出來吧！

愚者追尋力量

願我們都能和自己和睦相處

2024
甲辰年
二月初三
火曜日

03
/
12.二
MARCH

你最在乎的人，他同樣在乎你。只是你們的生活重心，是有所不同的。

愚者追尋力量

繼續情今天往後見已佛世一僧小明況續

2024
甲辰年

二月初四
水曜日

03/
13. 三
MARCH

你曾經花費過的力氣、時間都不是白費。少花一點時間，在否定自己上面。

愚者追尋力量

願你今天可以看到別人美好的地方

2024
甲辰年
二月初五
木曜日

03
14
MARCH
（四）

你是不是正在做喜歡的事情？如果答案為「否」，那麼是什麼阻礙了你做想做的事？

愚者追尋力量

願你今天無論遇到何種困難，都能夠找到明確待他人

2024
甲辰年

二月初六
金曜日

03
/
15.
㈤

MARCH

當個全新且保持好奇的學生吧！一起放下原本舊有的觀點，讓自己

愚者追尋力量

關你今天晚夠沒唱吵和感覺這呢什今他水稽你哭笑

2024
甲辰年

二月初七
土曜日

03
16.
MARCH
(六)

對於私領域或是隱私的認定，每個人標準都不一樣。在互動的過程中，請尊重對方的空間，可以避免許多不愉快。

愚者追尋力量

願我們都不去用匱乏的心態去看待金錢

2024
甲辰年

二月初八
日曜日

03
17.日

MARCH

再忙也要讓自己有空檔，去痛快的吃喝玩樂！

愚者追尋力量

讓你今天能夠享受安穩而深鬱的睡眠

讓你今天能夠享受安穩而深鬱的睡眠

2024
甲辰年

二月初九
月曜日

03
/
18.
MARCH

不要覺得自己不年輕，其實你還有力氣與時間；不要覺得一切都不可能，其實你依然可以全力一搏。不要放棄「當你自己」。

愚者追尋力量

願我們都能保有一顆自由的、喜悅的心

2024
甲辰年

二月初十
火曜日

當你可以優先滿足自己需求後，自然可以輕鬆的去幫助他人。

WANDS ∞ WANDS ∞ WANDS ∞ WANDS ∞ WANDS ∞ WANDS

愚者追尋力量

願我們今天能為自己做出一個小小的改變

很努力去愛、去付出，認為只要讓對方感受到我的愛，他遲早會一樣愛我。卻忘記了，感情是雙向的維繫，並不是單向的付出。

春分。

SPRING
EQUINOX.

來盤綠豆芽讓你青春、
吃點花椰菜讓你身心協調。

【花椰菜】

願你今天可以看到別人美好的地方

2024
甲辰年
二月十二
木曜日

03
/21.
MARCH
四

在愛的關係裡頭，我需要一點空間、一點自由，這是應當的。

愚者追尋力量

願你今天無悔過到現在，都能夠找好的好的解決的人

2024
甲辰年

二月十三
金曜日

03
/22.
MARCH
（五）

家人、另一半或是身旁的朋友，因為了解你，所以能夠接納你的情緒。但別把他們當作，供你任意發洩情緒的管道。

愚者追尋力量

願你今天能夠透過呼吸來釋放緊張

2024
甲辰年

二月十四
土曜日

03
/
23.
六
MARCH

急忙地出門還是遲到、一直記得要交的功課卻仍然忘記、一再叮嚀自己的待辦事項卻依然沒做好。他人看你是拖延症候群，只有你自己明白，事實上你的拖延，是因為那些事都不是你真正想做，卻必須得做的。

愚者追尋力量

願我們都不去用匱乏的心態去看待金錢

用對方聽得懂的語言，能夠試著體諒對方的立場，願意去接受對方當下的情緒，才能夠開始互動溝通。

愚者追尋力量

願你今天能夠改變一個小小的想法，為自己帶來一個大大的禮物

2024
甲辰年

二月十六
月曜日

03
/25.
MARCH

你已經做了，當時的你就是會去做的決定。即使你正在後悔，那也不要太久。

愚者追尋力量

願我們都明白自己不夠完美是正常的

2024
甲辰年

二月十七
火曜日

26.

MARCH

我們當然得要為自己的決定負責、行為負責。不然，又有誰可以為你負責一輩子呢？

愚者追尋力量

矓挨情今天裎淡見自己佛由一個小側小的況義

2024
甲辰年

二月十八
水曜日

03
/27.
MARCH
三

現在的你，不是十年前的你。個性和價值觀都有所變化，不要抱著期待去要求身邊的人，要如同從前一樣。

愚者追尋力量

願你今天可以看到別人美好的地方

2024
甲辰年

二月十九
木曜日

03
/28.
四
MARCH

如果你願意去嘗試與改變，會讓你在學習、成長、瞭解與自己不同調的人、事、物時，能夠不帶著那麼多的批判和情緒。

WANDS ∞ WANDS ∞ WANDS ∞ WANDS ∞

愚者追尋力量

願我們今天能做出一個新的嘗試

03
/29.
MARCH

五

倘若你不願意敞開心房，任何人都無法突破，無法走進你的世界。那麼就無法得到任何幫助。

愚者追尋力量

願你今天能夠透過呼吸來釋放緊張

2024
甲辰年

二月廿一
土曜日

03
/
30.
㊅
MARCH

確實有人比你厲害、比你有錢、比你幸福。事實上，你也是比別人厲害、比別人有錢、比別人幸福。

愚者追尋力量

願我們親報立名由置名的心態去愛待金錢

03
31
MARCH

日

我了解這世界上，有許多美好的事物。這一切，當然值得我投入許多熱情去付出、去享受。

愚者追尋力量

APRIL

甲辰年

2024

Trapaeolum majus

Sun	Mon	Tue	Wed	Thu	Fri	Sat
	01	02	03	04	05	06
07	08	09	10	11	12	13
14	15	16	17	18	19	20
21	22	23	24	25	26	27
28	29	30				

愚者追尋力量

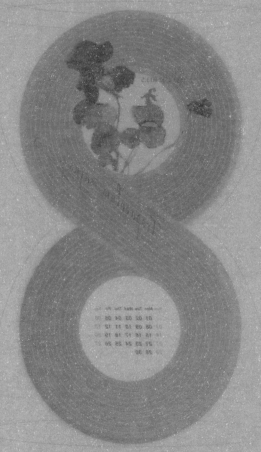

不正確的方式，也許能帶來想要的結果；違背自己意願的作法，也許才是最佳的作法。但重要的是我會對自己的選擇負責。

THE EMPEROR
THE EMPEROR

愚者追尋力量

願你今天能夠專注在需要完成的事情上

2024
甲辰年

二月廿四
火曜日

04
02.
APRIL

我完成自己的責任，做好自己的事情。不會去負擔他人的責任，不去做別人該做的事情。

WANDS ∞ WANDS ∞ WANDS ∞ WANDS ∞ WANDS ∞

愚者追尋力量

願我們今天能為自己做出一個小小的改變

就是這次，應該把這件事做好。將你從來沒有放棄過的事完成吧！

愚者追尋力量

讓你今天以後看見別人的美好的地方

讓兩人的關係更圓融，有時只是需要一個觀念的轉念，一個態度的轉變，一切就會變得很不一樣。

清明。

PURE
BRIGHTNESS.

吃根香蕉宜溫補、
柔肝養肺就吃山藥燉雞湯。

【香蕉＋山藥】

願我們都能被世界溫柔的對待

2024
甲辰年

二月廿七
金曜日

04
/
05.
APRIL
㈤

不是善於交際的人也沒有什麼關係。然而，增加你與人的互動，多認識幾個新朋友，確實能為你的生活加分。

愚者追尋力量

隨作今天能夠淡淡地吧來塔在鑑定

2024
甲辰年

二月廿八
土曜日

04
06.
六
APRIL

千萬別因為在乎的人，沒有照著自己認為的形式來對待你，就覺得他不夠愛你。請試著溝通、詢問或設身處地去了解對方的用心。

愚者追尋力量

願我們都不去用匱乏的心態去看待金錢

2024
甲辰年
二月廿九
日曜日

04
/07.
APRIL
日

世上的確有不變的真理，但也並存著因人而異的道理。

THE HIEROPHANT
THE HIEROPHANT

愚者追尋力量

讓你今天能夠學習到一個最喜歡自己的方式

2024
甲辰年

二月三十
月曜日

04
/08.
APRIL

別對你愛的人一直生氣啊！光是要互相愛著，好好對待彼此，就需要花掉好多精力了。

愚者追尋力量

願你能夠明白，你真的真的值得被愛

2024
甲辰年

三月初一
火曜日

04
09.
APRIL

對於你所討厭的事情，不要急著抗拒、急著拒絕、急著轉身就跑。你可能會因此錯過，事件背後的隱藏禮物，或是你需要了解的道理。好好想一想，再決定拒絕或是接受。

愚者追尋力量

願我們今天能為自己做出一個小小的改變

2024
甲辰年

三月初二
水曜日

04
/
10.
APRIL
三

我知道內心的小世界裡，有叫「憂鬱」的小夥伴、「憤怒」的小夥伴、「哀傷」的小夥伴。他們都是我的一部分，與我同在、與我共存。

愚者追尋力量

讓你今天忌妒的美好就別人眼裡是你羨慕的地方

2024
甲辰年
三月初三
木曜日

04
11.
APRIL
（四）

即使不像別人那般聰明、不像別人出生就含金湯匙、不像別人容貌出眾。我還是有機會透過努力，去得到我自己想要的人生。

愚者追尋力量

願你今天能夠有足夠的時間去做好想做的事情

2024
甲辰年

三月初四
金曜日

04
12.
APRIL
（五）

當我喜歡的人也喜歡我，當然會高興、會感到美好，但若是我能讓喜歡的人感受到幸福，才是我最幸福的事。

愚者追尋力量

關你今天能夠繼續維持下去完全是因為雙方

2024
甲辰年

三月初五
土曜日

04
13.
APRIL
六

不同的人跟你接觸、跟你認識，在他們的眼中，你不會輕易知道自己到底是什麼樣子的。你只需要記得，那些都是別人的看法，不代表你是那樣的活法。

愚者追尋力量

願我們都不去用匱乏的心態去看待金錢

問問自己，對什麼樣的事情抱著興趣，但完全不擅長？多瞭解自己一點點，從生活擠出一點時間的話，想學習什麼？

愚者追尋力量

願你能夠明白，你值得被信任

2024
甲辰年

三月初七
月曜日

讓對方感受到你的關心、你的愛，
更甚於物質上的給予。

愚者追尋力量

願你今天可以放下一切不必要的恐懼

2024
甲辰年

三月初八
火曜日

04
16.
二
APRIL

告別令人痛苦的過去，並不容易，可能充滿困難或反覆來去無法放棄。慢慢來沒關係，一步一步開始走向有光的地方，就能離開黑暗之所在。

愚者追尋力量

随着情今天彼发贝已佛串一个小小的改变

2024
甲辰年

三月初九
水曜日

04

17.
三
APRIL

我們無法預先知道，誰將無預警地、出乎意料地出現在生命中，與我們的生活開始交集。但至少可以決定，自己該在什麼時間點，送走不再適合的那個人。

愚者追尋力量

願你今天可以看到別人美好的地方

04
18.

（四）
APRIL

感謝過去那時的自己，有勇氣經歷那一切。現在一定也能拾起勇氣，開始踏上新的旅程。

愚者追尋力量

願你今天無論遇到誰，都能夠好好的對待他人

24 節氣

Twenty-four
Solar
Terms

04
19.
APRIL
（五）

成功或是失敗完全不重要。就在今天，允許自己去嘗試一件新的事物吧！

穀雨。

GRAIN
RAIN.

宜早起，來碗紅豆湯健脾胃、袪濕。

【紅豆】

隨侍今天夠遙遠吧聽咖哩哼今怎麼疼誰

2024
甲辰年
三月十二
土曜日

04
/20.
APRIL
六

房間或是辦公環境，留下讓你真正心動的東西，對於其他不是真正需要的物品，心存感激地向它道別。

愚者追尋力量

鳳凰情報不受用匾支的心施主喜待委務

2024
甲辰年
三月十三
日曜日

04
/21.㊐
APRIL

這幾天，也許有幾件不稱心的事，但不是急就可以解決，需要你耐心地去找出更好的應對方案。

愚者追尋力量

願我們可以放下自己過去的錯誤

2024
甲辰年

三月十四
月曜日

04
22.
APRIL

明知不可為，則不為之。明知該做，
那就去做。不確定該做或不該做？
那就先停下來再想一下。

愚者追尋力量

願我們今天能改變一個日常生活中小小的壞習慣

2024
甲辰年

三月十五
火曜日

04
/23.
二
APRIL

千萬別把道歉這個行為，認定成自己戰敗了。道歉是為了避免更多的衝突、錯誤的溝通繼續地下去延伸。

愚者追尋力量

顯接情今天應沒見已佛出一個/小的死屍

2024
甲辰年

三月十六
水曜日

04
/24.
APRIL
三

若是，連你自己都加入懷疑自己的行列，那麼成功的機率一定就會降低。還會失去好的機會，留給自己無限的不安。

愚者追尋力量

願你今天可以看到別人美好的地方

2024
甲辰年

三月十七
木曜日

04
/25.
APRIL
四

人生不會一直一帆風順，但也不可能一直走向下坡！在遇到困難時，把能抓緊的事情做好，懊悔失去的東西是正常的，但真的不要後悔太久，又讓自己失去爬起來的機會。

願我們今天能做出一個新的嘗試

2024
甲辰年

三月十八
金曜日

04
/
26.
(五)
APRIL

生活有時出現障礙，是避不開的。

生活有時出現意外，是逃不掉的。

與其怨恨他人或老天，不如試著克
服看看，也許會失敗、也許就那樣
成功度過了。

愚者追尋力量

願你今天所走過的每一處都是你最喜歡的地方

2024
甲辰年

三月十九
土曜日

04
/
27.

APRIL

（六）

這輩子總是會結束的，出生的我會哭還不會笑，希望離開的時候，我會笑不會哭。

愚者追尋力量

願我們都不去用匱乏的心態去看待金錢

2024
甲辰年

三月廿十
日曜日

04
/
28._日
APRIL

正確的事、正當的事會伴隨困難與挑戰。最重要的是當你下定決心去做，便不要再懷疑自己，去做就對了。

愚者追尋力量

感謝情今天能夠重見自己的未來

2024
甲辰年

三月廿一
月曜日

04
/29.
/
APRIL

也許你也碰到過，不管再怎麼走，前面就是已經沒有路可走了。再怎麼做、再怎麼努力也沒有轉圜的餘地。絕路是確確實實存在的。這個時候，如果沒有別的路可以走，那就往回走吧！

愚者追尋力量

願你今天可以感受到平靜的美好

2024
甲辰年

三月廿二
火曜日

04
/30.
APRIL

手機、網路都帶給我們很多很多的聲音與資訊，難以分辨真假好壞。若是你找時間安靜下來，便可以分辨，哪些是你需要知道的、需要放在心上的。那些一點都不重要的，就讓它過去。

愚者追尋力量

腦挨揍今天後沒見已記得再一個小小的沅纜

MAY

甲辰年

2024

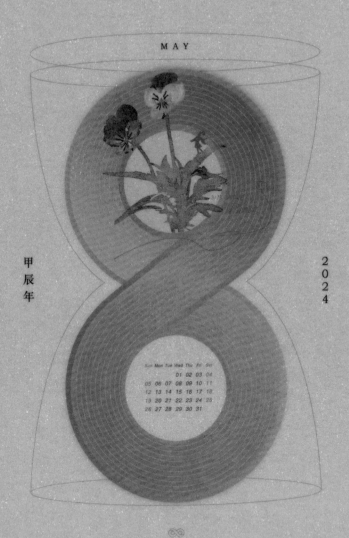

Sun	Mon	Tue	Wed	Thu	Fri	Sat
			01	02	03	04
05	06	07	08	09	10	11
12	13	14	15	16	17	18
19	20	21	22	23	24	25
26	27	28	29	30	31	

愚者追尋力量

2024
甲辰年

三月廿三
水曜日

05
01.
MAY
三

世界上什麼人都有，我們無法控制別人，該如何對待自己，卻可以學會控制自己脾氣，別被他人的情緒牽著走。

愚者追尋力量

願你今天可以看到別人美好的地方

2024

甲辰年

三月廿四
木曜日

05/**02.**(四)
MAY

想要財務自由、想要早點退休。然後呢？財務自由之後的人生，會過得怎麼樣？退休之後的人生，又想要怎麼過呢？你的藍圖畫好了嗎？

愚者追尋力量

願你今天能夠有足夠的時間去做好想做的事情

2024
甲辰年

三月廿五
金曜日

05
03.
MAY
五

生活中，我們會認識許多人，那些人也會在生活中離去，沒辦法再一起創造更多新的回憶。就好好記住對方帶給自己的回憶，不要忘記那美好的部分。

愚者追尋力量

關你今天有多遠過唁呀嘛凜凜休鑿准

2024
甲辰年
三月廿六
土曜日

05
04.
MAY
六

你的身體不會跟你說話，但是一直默默地為你付出。你的身體不會跟你抱怨，但是一直默默地忍受各種對待。請在此刻，對你的身體好好說一句：「親愛的身體，你是很棒的！我願意花時間和心力，好好對待你。」

愚者追尋力量

願我們都不去用匱乏的心態去看待金錢

從包包裡面拿出一個，你很久沒有用的物品，讓接下來走的路更輕盈一點。

立夏。

BEGINNING
OF SUMMER.

清熱養心，來顆紅通通的
蘋果或番茄好料理。

【蘋果＋番茄】

願我們今天能放下一個舊的信念

2024
甲辰年

三月廿八
月曜日

05
06.
MAY

誰規定？一定要時時刻刻有人生目標？漫無目的、懶散的，休息一下也很重要。

讓我們今天可以在毛澤東以毛筆寫的「大同」兩字繼承用一個真心的微笑

2024
甲辰年

三月廿九
火曜日

07.

MAY

我們都不要那麼傻氣，一邊擔心未來會怎麼樣，一邊浪費現在的時間。

愚者追尋力量

願我們今天能為自己做出一個小小的改變

一切都會沒事。這樣一句話，是拿來安慰別人、撫慰自己的話。事實上，你怎麼知道一切都會沒事？事情總有可能發生差錯。我們可以盡量避免差錯，可以在發生錯誤之後去修正，不要以為什麼都不做，就會沒事。

愚者追尋力量

願你今天可以看到別人美好的地方

2024
甲辰年

四月初二
木曜日

05
09.
MAY
（四）

為了別人受苦、為了別人忍耐、為了別人不去離開讓自己傷痛或艱難的環境。聽起來是偉大的、無私的。你當然可以選擇，要為別人犧牲你自己。不過，你是不是應該先問問看那個人，希不希望你這樣委屈。

愚者追尋力量

2024
甲辰年

四月初三
金曜日

05

10.
MAY
（五）

若是身邊有這樣的人，他只是片段的知道，一些些你的事情，根本不算是真正的認識你。那麼，他所有對你的評論，都不值得你有絲毫的在意。

愚者追尋力量

關你今天能夠經過咖啡廳來嚐杯鑑定

2024

甲辰年

四月初四
土曜日

05
11.

MAY

（六）

在不對的人身上，找不到對的結果。

在錯誤的過程中，得不到對的答案。

執著在錯的人、錯的方向，當然可

以，不要抱怨就好了。

愚者追尋力量

隨著情報不斷匯聚之防心能承載資緣

2024
甲辰年

四月初五
日曜日

05
/
12.
日
MAY

為想做的事，創造或是想像出美好的誘因，讓自己持續地堅持下去。

愚者追尋力量

願我情報能真正的充分表達愛錢癖的美好

2024
甲辰年

四月初六
月曜日

05
13.
MAY

不需要一直勉強自己，維持在最好、最快樂的狀態。情緒中會出現的悲傷、憤怒、煩躁……真的很正常。

愚者追尋力量

願你今天能夠感受到安全，一切都安好

2024
甲辰年

四月初七
火曜日

14.
MAY 二

能夠自己行走是多麼自由，能夠自己進食是多麼的美好。在生活作息，能不依賴他人的狀態下活動，這樣的幸福需要你好好享受。

愚者追尋力量

慢慢情今天使看見自己佛果一個小小的祝禱

05
15.
MAY
二

每個人都有自己要的生活方式，不一定要去認同別人，但也不需要批判別人，只需要去看到「噢！你的想法是這樣啊！」就夠了。

愚者追尋力量

讓你今天可以看到別人美好的地方

深吸一口氣，把注意力放到你的感官。吃飯時，就專注在它的味道與帶給你的滿足感。喝水時，就感受水帶給你的滋潤感。當你體會的越深入，越容易發現自己真正需要的是什麼。

愚者追尋力量

願你今天無論到哪裡，都能夠找找的解傷你人

為了此刻活著的自己，請好好使用已經擁有的物品。不要持續堆積，你以後才用得到的東西。

愚者追尋力量

願你今天能夠經過呀呀呀呀呀呀來請休息正

2024
甲辰年

四月十一
土曜日

05
18.（六）
MAY

當你得到一個夢寐以求的機會，首先要思考的是「我該如何把它做好。」而不去想，「這個機會真的要給我嗎？」、「我搞砸怎麼辦？」小心！心想事成的力量。

愚者追尋力量

願我們都不去用匱乏的心態去看待金錢

2024
甲辰年

四月十二
日曜日

05
/
19.
日
MAY

不想講的話，就不多說，讓自己不必為了討好他人所苦。不想陷入爭吵，就不回嘴、不爭辯，用一個美美的、淺淺的微笑回應。

愚者追尋力量

願你能夠明白，你夠好，你可以信任自己

24 節氣

Twenty-four
Solar
Terms

05
/
20.
—
MAY

你擁有讀心術嗎？你能百分百去看透，別人的心思嗎？如果你沒有這樣神奇的力量，那就不要，讓自己一直去猜測別人對你的想法，一直去擔心別人怎麼看你。

小滿。

LESSER
FULLNESS.

冬瓜、西瓜、絲瓜、
綠豆湯解熱又祛濕。

【冬瓜＋絲瓜】

願你今天能夠享受安穩而放鬆的睡眠

05
21.
MAY

當你喜歡一個人，不見得能準確說出，到底喜歡對方什麼優點。喜歡一個人的時候，是可以不帶任何條件，可以就是喜歡而已。但你喜歡自己嗎？會不會你一直很嚴苛的衡量自己，導致你不太喜歡自己呢？

愚者追尋力量

懺悔傷今天能見自己佛巾一個小小的兇弄

2024
甲辰年

四月十五
水曜日

05
/**22.**
三
MAY

千萬不要對自己說的咒語：「我再也沒辦法遇到對我這麼好的人了。」別傻了！你當然可以再遇到更好的人。

2024
甲辰年

四月十六
木曜日

05
/
23.
MAY
㈣

當你發現溝通的過程，已然變成爭執吵架。那一定記得，贏的人，要給對方台階下讓對方好下台；輸的人，要給對方好口氣讓對方能罷手。

愚者追尋力量

2024
甲辰年

四月十七
金曜日

05
24.
MAY
㈤

若是當一個善良的人，就必須處處
為他人著想，就算受了委屈，也是
大度的原諒他人。那麼誰，要去當
這樣子的好人呢？善良也應該擁有
底線與界限。

愚者追尋力量

願你今天能夠透過呼吸來釋放緊張

2024
甲辰年

四月十八
土曜日

05
/25.
MAY
六

騎在驢子上，就可以找到好馬？更有可能的是，當好馬看到你騎著驢子，好馬就會自動遠離你。能放掉不好的、不適合的、不愛的，才能迎接更多好人、好運、好事來到你的生命。

愚者追尋力量

願我們都不去用匱乏的心態去看待金錢

對於想做的事，是絕不能夠失去熱情的，熱情是為了目標，而快樂地享受過程。

愚者追尋力量

當你今天能夠輕鬆的、愉悅的、明豁的選擇今天的時間，當你的自己的時間

你知道，真的能夠重新開始的，永遠都是「未來」而不會是「過去」。

愚者追尋力量

願我們都能和自己和睦相處

2024

甲辰年

四月廿一
火曜日

05

28.

MAY

二

若是這件事情一直還沒完成，而你又無法放棄。那你需要的就是再積極一點、動作再快一點。

愚者追尋力量

願我們今天能為自己做出一個小小的改變

05
/**29.**
三
MAY

2024
甲辰年

四月廿二
水曜日

我不是只想追求美好的人生，或是為了成為人群之中，最閃耀的人。我好奇的是，這個世界還有什麼樣的可能性。

愚者追尋力量

騰飛今天可以看到的人腦運算量依然比美好的神奇子

2024
甲辰年

四月廿三
木曜日

05
/
30.
MAY
㈣

你說的每句話，都有一定的重量。一句加油，也許能夠讓一個人開始振作。而一句傷人的話，也能讓人看不見希望。

愚者追尋力量

願我們都能被世界溫柔的對待

2024
甲辰年

四月廿四
金曜日

05
31.
MAY ㊄

有時他人給的提醒，是為你好。並非想讓你下不了台，或是讓你覺得難堪。

愚者追尋力量

國作今天使夠逐溜哈吶未積扑飯並

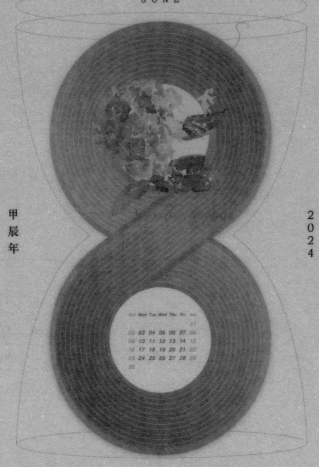

JUNE

甲辰年

2024

Sun	Mon	Tue	Wed	Thu	Fri	Sat
						01
02	03	04	05	06	07	08
09	10	11	12	13	14	15
16	17	18	19	20	21	22
23	24	25	26	27	28	29
30						

愚者追尋力量

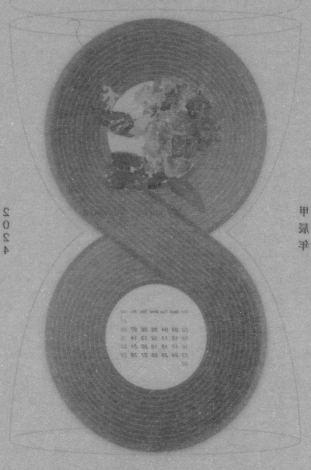

JUNE

2024

甲辰年

Sun Mon Tue Wed Thu Fri Sat
01
02 03 04 05 06 07 08
09 10 11 12 13 14 15
16 17 18 19 20 21 22
23 24 25 26 27 28 29
30

感謝遠香版星

2024
甲辰年
四月廿五
土曜日

06
/01.
JUNE
(六)

有想解決的煩惱嗎？在心平靜、身體放鬆的過程中，會有很大的機率，讓你想到一些好方法，找到通往成功的捷徑。

愚者追尋力量

願我們都不去用匱乏的心態去看待金錢

2024
甲辰年

四月廿六
日曜日

06
02.

日
JUNE

知道並了解自己的缺點，便是你最大的優點。了解並願意學習如何改善缺點，那就是你成功的本錢。

愚者追尋力量

願你今天能夠享受安穩而放鬆的睡眠

2024
甲辰年

四月廿七
月曜日

06
03.
JUNE

你現在真正擁有的東西，是否是沉重的負擔且帶給你深深的疲憊感？有時候，暫時拋下一切找地方休息，或是轉身離開反而更輕鬆。

愚者追尋力量

願我們都能保有一顆自由的、喜悅的心

2024
甲辰年

四月廿八
火曜日

06
04.
二
JUNE

陽光具有自然、療癒的力量。請讓自己沐浴在陽光下，享受它所為你帶來的健康。

愚者追尋力量

願我情今天使我見自己佛串一個小小的沉籟

無論是有心的、無意的、明知故犯的、弄巧成拙的，只要是犯錯的人，都還是會渴望得到別人給的第二次機會。然而，我們不去當那個一直給機會，卻看不清楚現實的人。

芒種。

GRAIN IN
BEARD.

涼拌小黃瓜、秋葵，
是你消除煩躁最佳選擇。

【小黃瓜＋秋葵】

願你今天可以看到別人美好的地方

2024
甲辰年

五月初一
木曜日

06

06.

（四）

JUNE

去做自己覺得對的事情，只靠熱情與直覺，還不是那麼夠，再加些理性的思維吧！

愚者追尋力量

願你今天能夠有足夠的時間去做好想做的事情

2024
甲辰年

五月初二
金曜日

06
/
07.
〈五〉
JUNE

當你覺察到，你會對他人開始抱怨。因為想幫別人，導致自己活得不好、不開心或是不情願地包容，請你立即停止這個幫忙。請為自己而活，千萬別抱著為別人而活的心態。

愚者追尋力量

2024
甲辰年

五月初三
土曜日

06
08.
JUNE
六

你是否曾經這樣愛過一個人？可以讓你放下尊嚴，可以讓你卑微的等待。可是，你卻又明白，你不會去愛一個沒有尊嚴的人，也不會去愛一個卑微的人。

愚者追尋力量

願我們都不去用匱乏的心態去看待金錢

2024
甲辰年
五月初四
日曜日

06
09.
㊐
JUNE

若目前對所做的工作充滿熱情，那你真的很幸福。若工作只是為了賺錢，那也沒有什麼好丟臉的。若你對於現在做的事情，又迷惘又充滿埋怨，那你需要的就是停下來，為自己尋求新的可能性。

THE MAGICIAN
THE MAGICIAN
8 8

愚者追尋力量

願你今天能夠改變一個小小的想法，為自己帶來一個大大的禮物

單身或非單身的人、結過婚或離過婚的人、同性結婚和異性結婚的人。他們做了自己的選擇，並不存在好與壞的分別，也不代表人生是否這樣就是完整。我們只需要尊重別人就好。

THE HIGH PRIESTESS

愚者追尋力量

國族/情稿明明是自己太絢正常的

誰都有遇到困難的時候。千萬要記住，你不是每一次都只能自己面對、自己解決。只要你開口求助，很多人都可以一起來幫你。但最重要的是，你願意幫你自己。

愚者追尋力量

願我們今天能為自己做出一個小小的改變

2024
甲辰年

五月初七
水曜日

06
12.
二
JUNE

想像一下，如果要跟某個人永遠在一起、不離不棄、隨時隨地都要看見對方。這是一件多麼令人冒冷汗，又充滿驚悚的想法。

愚者追尋力量

關你今天可以看到別人美好的地方

2024
甲辰年

五月初八
木曜日

06
/
13.
四
JUNE

減少一次確認動態按讚數、減少幾次去看網路訊息，對我們的生活，真的不會有什麼劇烈性的影響。

SWORDS 8 SWORDS 8 SWORDS 8 SWORDS 8

愚者追尋力量

獻給曾今天能佛西一個新的景飛

2024
甲辰年

五月初九
金曜日

06
14.
JUNE
㊄

環遊世界或是環島之旅，都可以讓你看見不同的人文風情。只要是能讓你快樂的，都是好日子、好生活。

愚者追尋力量

2024
甲辰年

五月初十
土曜日

06
15.
JUNE
六

也許沒有彈琴的天賦、沒有高貴的出身、沒有傲人的身材。然而，生活上、個性上，還是有你能夠為自己，變得更好的努力方向。

愚者追尋力量

願我情報不求用匿名之的心能去愛待全錢

06
16.日
JUNE

每一位陌生人，都可以成為未來的朋友，只要你給他們一個友善的微笑。現在的朋友，也可以交往長久，只要你用心分享生活大小事，並且時常關心問候他們。

愚者追尋力量

願我們都明白自己值得美好的事物

2024
甲辰年

五月十二
月曜日

06
17.
JUNE

我尋找支持我的另一半，也願意去成就另一半的事業與喜好。

THE EMPEROR
THE EMPEROR

愚者追尋力量

讓你今天能夠重洋在這重要吉祥的事情上

2024
甲辰年

五月十三
火曜日

06
18.
JUNE

在這個時候，情緒高漲怒氣滿盈；

在這個時候，快要崩潰只想尖叫；

在這個時候，低落不已眼淚不止。

這些情緒都是每個人會遇到的。你

只需記得！別在強烈的情緒來襲

時，對任何人做批判和定義。當然

包括對你自己。

愚者追尋力量

屬於情今天能看見自己傳承一個小小的心願嘉

2024
甲辰年
五月十四
水曜日

06
/
19.
三
JUNE

倘若，你現在正在費心費力去達成，別人心中期待的樣子，卻正在過一個自己不喜歡或感覺疲累的人生。現在，就是現在！改變真的還來的及。

愚者追尋力量

隨你今天已不是種別人眼中是美好的神子

感受這件事，與制度、社會規範不同，沒有非黑即白的是非對錯。你本來就擁有獨一無二的感受。

愚者追尋力量

願我們都能被世界溫柔的對待

06
/
21.
JUNE
㈤

情緒上來，每個人都會表現出自己最真實的樣子。但，真實並不等於你就真的是那個樣子。

夏至。

SUMMER
SOLSTICE.

同甘來吃西瓜、共苦就吃苦瓜，
讓身體與你同甘共苦好和諧。

【西瓜＋苦瓜】

願你今天夠勇經過咬你未嘗試過

2024

甲辰年

五月十七
土曜日

06
22.

六

JUNE

無論是怎麼樣的成功人士，或是人生勝利組。強大的力量一開始，都是從弱小開始成長的。

愚者追尋力量

願我們都不去用匱乏的心態去看待金錢

2024
甲辰年
五月十八
日曜日

06
23.

JUNE

若你常常把「我是為了你好」，這句話掛在嘴巴上，時常對你最愛的人講，那你可能永遠也無法理解，為什麼別人這麼不識相、這麼不聽話。

愚者追尋力量

願你今天能夠學習到一個對自己好的方式

2024
甲辰年

五月十九
月曜日

06
/24.
JUNE

你願意接受對方的想法，傾聽對方的言語。那麼個性迴異的戀人，也能找出方法相處長久。

愚者追尋力量

願你能夠明白，你真的真的值得被愛

擁有光環的人，背後必然承受巨大的壓力。若是願意背負那樣的壓力，你也沒有道理不成功。

愚者追尋力量

願我們今天能為自己做出一個小小的改變

2024
甲辰年

五月廿一
水曜日

06
/
26.
JUNE
三

當家人或是朋友提出不合理的要求，但你不想去達成、去回應。你明白會造成自己巨大的困擾，這時候可以拒絕嗎？當然可以！但，對方會感到失望怎麼辦？想清楚，他失望不代表「這是你造成的錯誤」，他需要去處理自己的失望。

愚者追尋力量

願你今天可以看到別人美好的地方

2024
甲辰年

五月廿二
木曜日

06
27.
JUNE
四

若你的內心確實是充滿愛，那麼藏起來不讓別人發現就太可惜了！

愚者追尋力量

願我們今天能佛出一個新的靈魂

2024
甲辰年

五月廿三
金曜日

06
/28.
JUNE
㈤

自己一人很好、可以自己過得很好，兩人在一起也很好、可以一起過得很好。每個階段的你，都可以勇敢去愛，可以認真的愛自己。

愚者追尋力量

願你今天擁有夠長的時光如願擁有夢寐

願你今天擁有夠長的時光如願擁有夢寐

2024
甲辰年

五月廿四
土曜日

06
/29.
JUNE
六

走在人生的路途上，大家都有不同的走法，你想走去哪兒、你想冒險都可以。在身體狀況允許之下，更該去追求生命中的所想、所愛。因為，你知道在身體狀況欠佳、失去健康的時候，遲早會失去能做些什麼的力氣。

願我們都不去用匱乏的心態去看待金錢

2024
甲辰年

五月廿五
日曜日

06
/
30.
JUNE
日

萬全的準備，不見得就能應付萬變的狀況。還需要加上勇敢的心與行動力。

願你能夠明白，你值得被信任

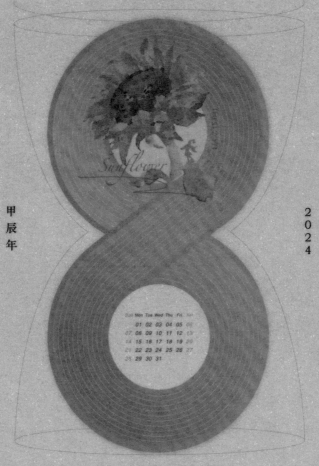

JULY

甲辰年

2024

Sunflower

Sun	Mon	Tue	Wed	Thu	Fri	Sat
	01	02	03	04	05	06
07	08	09	10	11	12	13
14	15	16	17	18	19	20
21	22	23	24	25	26	27
28	29	30	31			

愚者追尋力量

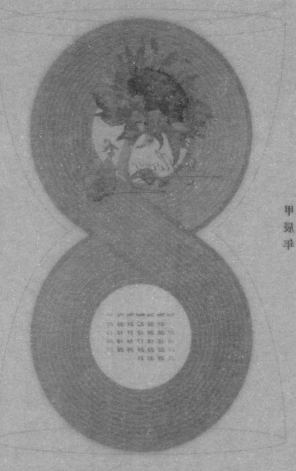

2024
甲辰年

五月廿六
月曜日

07
01.
JULY

「勇氣」並不代表不會恐懼，每個人對未知或已知的狀況，會有恐懼，這很正常。勇氣來自於，即便你有恐懼，還是願意對某人或某事，有所承諾與付出。

愚者追尋力量

願你今天可以放下一切不必要的恐懼

2024
甲辰年

五月廿七
火曜日

07
02.
JULY

在關係裡的學習是合作，要多傾聽，
而不要一昧堅持自己的意見。

愚者追尋力量

2024
甲辰年

五月廿八
水曜日

07
03.
JULY
三

平時汲汲營營地工作、賺錢，當然沒有什麼問題。然而你要記得，只有身體健康，才有機會享受生活呀！

愚者追尋力量

讓你今天可以來觀賞別人美妙的神子

2024
甲辰年

五月廿九
木曜日

07
/
04.
JULY

四

男人會脆弱，也能柔情似水。女人會強悍，也能剛硬如石。無論是男是女，做好自己想展現的樣子，就是一件很棒的事。

愚者追尋力量

願你今天無論遇到誰，都能夠好好的對待他人

2024
甲辰年

五月三十
金曜日

07
05.
JULY
（五）

我們都追尋一個溫暖的擁抱，渴望被愛、被在乎。但，你還是要張大眼睛去看清楚，這個擁抱你的人，這個說愛你的人，是一個怎麼樣的人。

愚者追尋力量

願你今天能夠透過呼吸來釋放緊張

願你今天能夠透過呼吸來釋放緊張

07
06.六
JULY

若是，在生活中、人際中，你並沒有時常被肯定，或是很少聽到讚美自己的話。那麼請試著多對身旁的人，說出讚美或是認同的話。物以類聚是有其道理的。

小暑。

LESSER
HEAT.

耳朵長在樹上的好食材木耳、
銀耳幫你養胃。

【白木耳＋銀杏】

願我們都不去用匱乏的心態去看待金錢

2024
甲辰年
六月初二
日曜日

07
/07.

日
JULY

當你發現重複的錯誤反覆發生，要去了解自己為何讓它發生。去尋找背後代表的意義，便能停止這個錯誤的迴圈。

THE HERMIT ∞ THE HERMIT ∞ THE HERMIT ∞ THE HERMIT

愚者追尋力量

閱讀後可以在工作上有己過多的辭職

2024
甲辰年

六月初三
月曜日

07
08.
JULY

我不會去感謝過去傷害過我的人，不會去感謝過去對我懷有惡意的人。我感謝自己，受傷之後還是會爬起來；我感謝自己，傷心之後會去學習療癒自己。

愚者追尋力量

願我們今天能改變一個日常生活中小小的壞習慣

2024
甲辰年

六月初四
火曜日

07
09.
二
JULY

一天一小時、半小時甚至是十分鐘，
聽起來都不算多。但你上一次，真
的花這些時間在自己身上，到底是
什麼時候呢？

愚者追尋力量

幽微情今天使愛見自己佛出一個小小的牽纏

幽微情今天使愛見自己佛出一個小小的牽纏

2024
甲辰年

六月初五
水曜日

07
10.
三
JULY

「寧缺勿濫」這個心態，不需要你任何的改變。

SWORDS SWORDS SWORDS SWORDS

愚者追尋力量

願你今天可以看到別人美好的地方

2024
甲辰年

六月初六
木曜日

07
11.
㈣
JULY

男人與女人之間的愛，男人與男人之間的愛，女人與女人之間的愛。只要顧好自己的愛情與對象，不需要去干涉別人，要怎麼去愛、去享受幸福。

愚者追尋力量

願你今天能夠有足夠的時間去做好想做的事情

2024
甲辰年

六月初七
金曜日

07
12.
JULY
(五)

你所愛的這個人，可以帶給你多大的快樂，通常他就能帶給你一樣大，甚至更加倍的悲傷。就如同你自己一樣，你有多愛自己就有多幸福，你越不在乎自己、不珍惜自己，就越痛苦。

愚者追尋力量

關你今天能夠透過呼吸來攝取到

2024
甲辰年

六月初八
土曜日

07
13.
六
JULY

請允許爸媽、兄弟姊妹、好朋友……可以吵架。他們都是有情緒的，需要你的尊重，但不需要介入。如此，你才能不受他們干擾，不因為別人的情緒，而導致你的生活過得不好。

愚者追尋力量

願我們都不去用匱乏的心態去看待金錢

在做任何決定時，都要忠於自己的真心。無論腦中思緒多麼複雜。

愚者追尋力量

願我們今天都能尊重自己的決定

07

15.

JULY

原諒傷害自己的人，這個過程會需
要耐心，也許不是進行一次，就能
感受到完全原諒與放下，也請接受
自己還不能做到。

THE HANGED MAN ∞ THE HANGED MAN ∞

愚者追尋力量

願你今天可以感受到平靜的美好

2024
甲辰年

六月十一
火曜日

07
16.
JULY

二

你需要學習，為自己做好每個選擇，選擇那個不讓你後悔的。你需要接受，選擇之後的結果，不是每次都能如你所願。接受自己的選擇沒那麼好，之後，再做出對得起自己的選擇就好。

愚者追尋力量

願我們今天能為自己做出一個小小的改變

2024
甲辰年

六月十二
水曜日

07
17.
三
JULY

在寫人生的功課過程中，是註定會犯錯、會受傷的，哪怕是信任的人、所愛之人，也可能會對你造成傷害。我們不是學習原諒別人就夠了。我們該學的是，如何療癒自己的傷口。

愚者追尋力量

願你今天可以看到別人美好的地方

2024
甲辰年

六月十三
木曜日

07

18. 四

JULY

工作上受了委屈、面對家人卻得情緒壓抑、不被另一半理解……。你因為這些事情想哭，是非常正常的，一句話都不想說，是非常正常的。倘若過度壓抑自己的情緒，才是給自己最大的委屈。

愚者追尋力量

讓我們的今天能像出來一個新的意義。

2024
甲辰年
六月十四
金曜日

07
/
19.
㊄
JULY

當你遠離過往的這些事、物、環境，
平靜的心便能回歸於你。

愚者追尋力量

願你今天能夠經過吸吸水礦水藍泥
願你今天能夠經過吸吸水礦水藍泥

2024
甲辰年

六月十五
土曜日

07
/
20.
六
JULY

人與人之間有相遇的時刻也有分離的時刻。總是相遇時少、分離時多，珍惜相聚的緣分，對分離的那個人好好道別。

愚者追尋力量

關我情報不名用置之的心靈名書生委緣

07
21.
JULY
日

強迫自己趕快從傷痛中好起來，或是在挫折中裝做沒事，只是把傷痕隱藏的更深。

愚者追尋力量

願我們今天能放下一個舊的信念

24 節氣

Twenty-four
Solar
Terms

07
/
22.
JULY

遇到不喜歡的事情發生，本能就會是不開心的。當別人遇到煩心的狀況，請別去壓抑，別人不高興的情緒。最重要的是，你不需要為他人的開心或不開心負責。除非，你真的惹毛對方。那就好好道歉吧！

大暑。

GREATER
HEAT.

多喝水、慢慢喝水、喝溫開水
讓你活的神采奕奕。

【水】

盧琰情今天可以打從心底坦率承認，他對自己的幸福感到心滿意足。

2024
甲辰年

六月十八
火曜日

07
23.
二
JULY

在這個世界上，本來就不存在完美的家庭，每個家庭都有自己的問題。家人之間，相親相愛很好、互相扶持很好、相敬如賓很好、保持距離而不互相傷害的關係就好。

愚者追尋力量

07
24.
二
JULY

將生命中即將到來的改變，視為祝福、視為機會，而非挑戰。

愚者追尋力量

願你今天可以看到別人美好的地方

2024
甲辰年

六月廿十
木曜日

07
25.
JULY
四

18歲的我是最有魅力的時刻，28歲的我是最有魅力的模樣，38歲的我是最有魅力的狀態。不管幾歲，只要我願意，我一直都可以在最有魅力的姿態。

愚者追尋力量

願我們都能被世界溫柔的對待

2024
甲辰年

六月廿一
金曜日

07
26.
五
JULY

正能量如天使一般，但也不會一直
不停的歌唱與歡笑。你偶爾來點負
能量，也非常正常。

愚者追尋力量

2024
甲辰年
六月廿二
土曜日

07
/27.
JULY
六

試試看，每次只專心做一件事情、練習專注。你會發現這樣去做更能集中精神、不拖泥帶水，事情可以做得更快更好。

PENTACLES 8 PENTACLES 8 PENTACLES 8 PENTACLES 8

愚者追尋力量

願我們都能止息由心重生之那份愛與傳遞美善

願我們都能止息由心重生之那份愛與傳遞美善

2024
甲辰年

六月廿三
日曜日

07
28.
JULY
日

請你告訴我，在你的身邊有誰可以
讓你期待，為你帶來幸福？其實，
在真實的世界，期望別人是難以得
到幸福的！

愚者追尋力量

願我們都能真正的去享受金錢帶來的美好

2024
甲辰年

六月廿四
月曜日

07
/
29.
JULY

若是，你一直在假裝自己沒有那麼不開心，那你就會一直遇到，讓你更不開心的人。若是，你一直在假裝自己很堅強，你就會一直遇到，來打擊你的人。

愚者追尋力量

願你今天能夠感受到安全，一切都安好

2024
甲辰年

六月廿五
火曜日

07
30.
JULY

對你自己說一句:「祝福我自己,今天過得比昨日更好」。然後,再給自己一個微笑。

愚者追尋力量

2024
甲辰年

六月廿六
水曜日

07
/31.
JULY
三

我們都知道，這個世界充滿了各種不公平，自己的小日子，也會遇到不順遂的時候。這時候最能夠幫助自己，放下負面情緒的作法，就是去好好吃一頓飯、好好的睡一覺。

SWORDS SWORDS SWORDS

愚者追尋力量

願你今天可以看到別人美好的地方

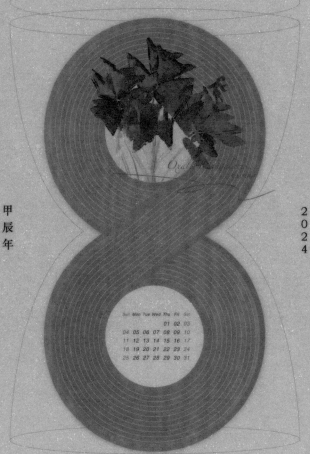

AUGUST

甲辰年

2024

Sun	Mon	Tue	Wed	Thu	Fri	Sat
				01	02	03
04	05	06	07	08	09	10
11	12	13	14	15	16	17
18	19	20	21	22	23	24
25	26	27	28	29	30	31

愚者追尋力量

2024
甲辰年

六月廿七
木曜日

08
/01.
AUGUST
（四）

人生可是比你想像的更艱難，大大小小的考驗多不勝數。過程中，當然要想哭就哭、想笑就笑。哭確實無法解決問題，淚水卻可以幫我們宣洩壓力，或是帶走更負面的情緒。

愚者追尋力量

願你今生無需如此堅強，都能夠好好的被保護著人

2024
甲辰年

六月廿八
金曜日

08
/02.
AUGUST
㊄

喜歡的，不一定合適，仍然需要找出相處之道。合適的，你不一定喜歡，那就不需要勉強自己接受。

愚者追尋力量

願你今天能夠透過呼吸來釋放緊張

2024
甲辰年
六月廿九
土曜日

過去的苦難遭遇，並不會永遠跟著你，總是會過去的；過往的幸福美好，並不會永遠一成不變，總是會過去的。我要創造的是想要的未來。

愚者追尋力量

願我們都不去用匱乏的心態去看待金錢

2024
甲辰年

七月初一
日曜日

08
04.日

AUGUST

你不一定是這個世界上最快樂的人，但也不需要去搶著當最痛苦的人。

愚者追尋力量

願你能夠明白，你夠好，你可以信任自己

請觀察，這一段感情關係帶給你什麼感覺，它是否帶出了你最好的一面？或是相反？

愚者追尋力量

願你今天能夠享受安穩而放鬆的睡眠

2024
甲辰年

七月初三
火曜日

08
06.
二

AUGUST

在職場上，感受到格格不入嗎？在與另一半的家人相處上，感受到格格不入嗎？這樣的感受在提醒你，格子的框架必須改變，你必須有所行動或者離開這個格子。

愚者追尋力量

願我們今天能為自己做出一個小小的改變

24 節氣

Twenty-four
Solar
Terms

08
/
07.
三
AUGUST

每個人，都是自己人生的問題製造者，那又有什麼關係？你是、我也是。只要願意花時間解決，自己製造出來的問題，自己的人生依然可以開心啊！

立秋。

BEGINNING
OF AUTUMN.

養肺就是要吃柚子、水梨。

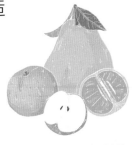

【柚子＋水梨】

讓你今天正式看到別人美好的地方

2024
甲辰年
七月初五
木曜日

08

08.四
AUGUST

有時感到不安，這真的很正常；面對新挑戰感到害怕，這真的很正常。你可以擁有這些情緒，你更可以在接受情緒之後，跨過這一切去迎接成功。

愚者追尋力量

願你今天能夠有足夠的時間去做好想做的事情

2024
甲辰年

七月初六
金曜日

08
09.
AUGUST
五

倘若遇到讓我沉落谷底的情緒，真的無法處理的時候，到底該怎麼辦？負面的我想結束的是痛苦，不是真的要離開這個世界。而正面的我，不曉得他去哪裡了。這時候，別再想要只靠自己的力量了，請去尋求助力、請求他人的幫忙吧！

愚者追尋力量

願你今天能夠過很好並且很溫柔地走過

願你今天能夠過很好並且很溫柔地走過

2024
甲辰年

七月初七
土曜日

08
10.
AUGUST
六

當我去取悅別人、使他人快樂時，我可以更加快樂的話，那我才去做；當我去取悅別人、使他人快樂時，我卻感到無比煩惱或是痛苦時，那我再也不讓自己去做。

愚者追尋力量

願我們都不去用匱乏的心態去看待金錢

2024

甲辰年

七月初八
日曜日

08
/
11.
⊟
AUGUST

你當然可以在未來過得比現在更好，除非你並不相信；你當然可以在未來過得比現在更糟，只要你願意就行。

愚者追尋力量

願你今天能夠輕鬆的、快樂的，享受自己的時間

2024

甲辰年

七月初九
月曜日

08
12.

AUGUST

拒絕別人過度占用你的時間。整頓自己的行程，更有效率地運用時間，然後早點休息。這是傳說中「愛自己」的方式之一。

愚者追尋力量

願我們都能和自己和睦相處

2024
甲辰年

七月初十
火曜日

08
13.
AUGUST
二

雨一直下、不停的下，總歸是會放晴的。淚一直流、不停的流，到後來卻會讓你失去愛自己的力氣。

愚者追尋力量

願我們今天能發見自己佛由一個小小的改變

願我們今天能發見自己佛由一個小小的改變

即便你有恐懼，還是願意對某人或某事有所承諾與付出。這就是最棒的勇氣！

SWORDS · SWORDS · SWORDS · SWORDS

愚者追尋力量

願你今天可以看到別人美好的地方

2024

甲辰年

七月十二

木曜日

08/**15.**㈣

AUGUST

你有贏在人生的起跑點嗎？現在的你，又走在人生的哪一個階段呢？走累了，是不是想要休息一下下，又怕被人迎頭趕上呢？只要你願意一直往前走，慢一點不要緊、快一點能把握時機、休息一下更沒問題。

愚者追尋力量

虽然情今天能佛出一個新的意義

2024
甲辰年

七月十三
金曜日

08
/
16.
AUGUST
（五）

若是你現在過的不好，那麼無需期待未來命運會有什麼改變。現在就為了自己去做些什麼，記得只有你能使自己快樂並過得好。

愚者追尋力量

隨你今天能夠逃過此吐槽求還你命

2024
甲辰年

七月十四
土曜日

08
17.

六

AUGUST

幸福不是需要你用犧牲換來的！一昧的犧牲自己成就別人，只會讓你失去幸福。

愚者追尋力量

睡我情報太名用置支的心能太尾体金錢

2024
甲辰年

七月十五
日曜日

08
/18.日

AUGUST

你無法做到每一分鐘、每一秒鐘，都是快樂的。是的！這是事實。同樣的，你也沒有必要做到每一分鐘、每一秒鐘，都是痛苦的。事實是，樂觀開朗的人，也會感到沮喪與失落。

願你今天能夠享受安穩而放鬆的睡眠

2024

甲辰年

七月十六
月曜日

08

19.

AUGUST

我的目的地是人生的盡頭。需要休息的時候，會休息；需要停泊的時候，會停下。我要學的是，讓我自己更加快樂。

愚者追尋力量

願我們都能保有一顆自由的、喜悅的心

不往前面走的話，會一直留在現況。漸漸變成困在這裡，開始一步也無法動彈的時候，會更害怕改變的到來。

愚者追尋力量

願我們今天能為自己做出一個小小的改變

2024
甲辰年

七月十八
水曜日

08
/21.
AUGUST

你絕對擁有，能夠成為任何一種人
的自由。前提是，你知道自己想要
成為的那個樣子。

愚者追尋力量

願你今天可以看到別人美好的地方

不再害怕自己一個人吃飯睡覺，經濟上夠堅強自立。你就有跟所愛的人在一起的自由，也能擁有離開現況的勇氣。

處暑。

END OF HEAT.

吃幾顆枇杷來滋潤你的喉嚨。

【枇杷】

願我們都能被世界溫柔的對待

生氣、難過的時候，憋在心裡一定
會難受極了！寧可找人傾訴、猛捶
抱枕，也絕對不可以憋壞身體，最
好可以在當天把「氣」丟掉。

愚者追尋力量

願你今天能夠經過不眠求得拯生

願你今天能夠經過不眠求得拯生

2024
甲辰年

七月廿一
土曜日

08
/24.
AUGUST
六

抱怨他人，是最簡單的事。只是，這麼簡單的事情，對於解決問題沒有任何的幫助。

愚者追尋力量

願我情絲永不由匱乏的心靈去星伴乏錢

2024
甲辰年

七月廿二
日曜日

你過往的辛勞付出，不曉得在未來，可以獲得什麼？有時，你會這樣迷惘。你不需要迷惘的是過去的失敗，只要找出原因克服，是沒有道理不成功的。

愚者追尋力量

願你今天能夠收到這一個小小的禮物，發見自己帶來一個大大的禮物

2024
甲辰年

七月廿三
月曜日

08
/26.
一
AUGUST

要讓腦袋清楚，可以少攝取一點糖、少吃一點甜；要讓身體好好慢下來，可以少喝一杯咖啡、多喝一杯水。腦袋清楚了、身體慢下來了、心就會醒了。

愚者追尋力量

願我憧憬的正義等於我自己所相信的美善正常的

2024
甲辰年
七月廿四
火曜日

08

27.

AUGUST

當你開始鬆動你的原則、放寬你的標準。一旦，這一切開始了，你的標準只會越來越寬、原則只會越來越鬆。

愚者追尋力量

讓我們今天能洛見已佛世一個小朋友嗎

2024
甲辰年

七月廿五
水曜日

08
28.
三
AUGUST

身體就像是機器、就像是房子。不去保養或是保養不當，耗損就會很嚴重，很快就會不能使用。一起來加入，保養自己的行列吧！

愚者追尋力量

願你今天可以看到別人美好的地方

2024
甲辰年

七月廿六
木曜日

08
/29.
㈣
AUGUST

偶爾不經意，露出的可愛之處、天真想法，反而會讓人覺得你更好接近、更有人氣，會讓他人對你另眼相看，帶來更多有趣的人際關係。

愚者追尋力量

願我們今天能做出一個新的嘗試

2024
甲辰年

七月廿七
金曜日

08
/30.
AUGUST
五

有誰是不忙的嗎？我們當然都非常
忙碌。然而忙碌，不應該是和朋友，
長期不聯絡的理由；不應該是和家
人，長期不接觸的藉口。但，若是
心中沒有任何愛的人，那就繼續忙
吧！

愚者追尋力量

願你今天能夠透過呼吸來釋放緊張

願你今天能夠透過呼吸來釋放緊張

2024
甲辰年

七月廿八
土曜日

08
/31.
AUGUST
（六）

請你整理後，回收或賣掉造成家中凌亂的東西，這會幫你帶進來新能量。同時讓自己可以待在，有助於發展創意、財富豐盛的環境。

愚者追尋力量

感謝情報不足時匯委的心態去重修委託

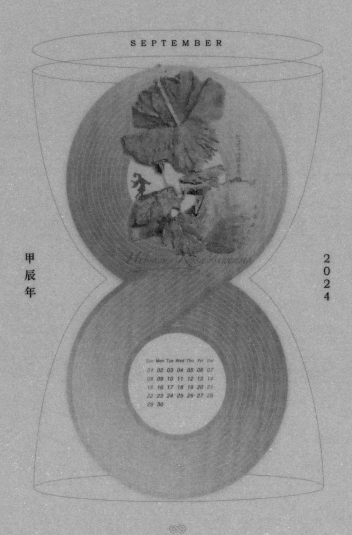

SEPTEMBER

甲辰年

2024

Sun	Mon	Tue	Wed	Thu	Fri	Sat
01	02	03	04	05	06	07
08	09	10	11	12	13	14
15	16	17	18	19	20	21
22	23	24	25	26	27	28
29	30					

愚者追尋力量

2024
甲辰年

七月廿九
日曜日

09
01.
SEPTEMBER
日

愛你所選，但不去追求已經不愛你的人；愛你所愛，但是生活不能只有對方，你還有家人與朋友。

愚者追尋力量

願我們都明白自己值得美好的事物

2024
甲辰年

七月三十
月曜日

09
02.
SEPTEMBER

我的處事原則與價值觀，不代表完全是對的，能證明我是錯的，我會去修改。若只是想贏過我而挑戰我，我也會捍衛自己的原則到底。

愚者追尋力量

願你今天能夠專注在需要完成的事情上

2024
甲辰年

八月初一
火曜日

09
03.
SEPTEMBER

失去主導權的狀況下，很容易感到挫折或變得沒有耐心。而生命有時是需要學會等待、學習配合。

愚者追尋力量

謝謝情今天能沒有已佛用一個小小的沉靜

2024
甲辰年
八月初二
水曜日

09
/
04.
三
SEPTEMBER

試著去觀察自己與父母的關係、父母對你的潛移默化。做個旁觀者認真的觀察,哪些對你來說,才是真正適當的方式?去學習調整成,對你適當的方式,去放掉你並不想要變成的樣子。

愚者追尋力量

願你今天可以看到別人美好的地方

2024

甲辰年

八月初三
木曜日

09
/
05.
㊃
SEPTEMBER

好好傾聽自己內心的吶喊，你心中早已有選擇的答案。然而，過度衡量選擇後的利弊，才導致你一直放不下，你不想選擇的那個項目。

愚者追尋力量

願你今天無論遇到誰，都能夠好好的對待他人

2024
甲辰年

八月初四
金曜日

09
06.
㊄
SEPTEMBER

講太多話、喝太多酒、過多的社交，都是虛耗能量的方式。雖然確實可以帶來歡樂的感覺，但它們並不會帶來真正的快樂。

愚者追尋力量

關你今天晚到隧道到哪裏來糟糕就怎麼

24 節氣

Twenty-four
Solar
Terms

09
/
07.
六
SEPTEMBER

最傻氣的投資，便是你對一個已經不再愛你的人，一直停不下來的等待與付出。

白露。

養肺對你最好！
海帶、杏仁、白菜為你滋潤。

【杏仁】

願我們都不去用匱乏的心態去看待金錢

2024
甲辰年
八月初六
日曜日

09
08.
日
SEPTEMBER

規則是由人所制定的。而你當然也可以，創造出新的規則。

THE HIEROPHANT ∞ THE HIEROPHANT ∞ THE HIEROPHANT

愚者追尋力量

懂你今天能夠看到這一個最重要我自己樣子明的方式

2024
甲辰年

八月初七
月曜日

09
09.
SEPTEMBER

對於人際關係與合作夥伴的相處，
最需要注重的便是，公平的付出。
如此能換來彼此的心態平衡。

THE LOVERS ∞ THE LOVERS ∞ THE LOVERS ∞ THE LOVERS ∞

愚者追尋力量

願你能夠明白，你真的真的值得被愛

2024
甲辰年

八月初八
火曜日

09
/10.
SEPTEMBER

做好失去的準備。一旦失去發生了，終究是避免不了無法平靜，不過這好過於欺騙自己，永遠不會面臨失去要來的好。

愚者追尋力量

願我們今天能為自己做出一個小小的改變

2024

甲辰年

八月初九
水曜日

09
11.
三
SEPTEMBER

當你發現正在說服自己認同某些狀況……代表你在委曲求全。勉強接受少於你應得的部分，這是不行的。你沒有必要妥協！

愚者追尋力量

2024
甲辰年

八月初十
木曜日

09
12.

SEPTEMBER
（四）

家人、朋友還有你自己，每個人好似都忙碌。然而這些生活裡重要的人，真的很需要你留點時間給他們，一起相處或是關心彼此。

愚者追尋力量

願你今天能夠有足夠的時間去做好想做的事情

當關係裡頭，只剩下負不負責、義務的付出。那就再也沒有愛可以剩下了。

愚者追尋力量

關你今天能夠經過吧吧未鍵你鑿羅

盡情地接受你所得到的！快樂地去
享受你現在所擁有的！

PENTACLES ∞ PENTACLES ∞ PENTACLES ∞

愚者追尋力量

願我們都不名由置支的心能未是待委錢

2024
甲辰年

八月十三
日曜日

還不要這麼快放棄，努力會讓你得到成果的，再堅持一下！

THE CHARIOT
THE CHARIOT

愚者追尋力量

願你能夠明白，你值得被信任

2024
甲辰年

八月十四
月曜日

09
16.
SEPTEMBER

當你需要戰勝別人，一定要先看清楚自己的能力，優點如何運用，缺點如何避免，切勿使力蠻幹。

愚者追尋力量

隨你怎么說反正接上一切又下現灯口美今的物體

2024
甲辰年

八月十五
火曜日

09
17.
SEPTEMBER

當你的情緒，是對最親愛的人有所不滿、對社會事件不滿、對政治人物不滿。這些數不清的不滿情緒，你投射出去，每一個不滿、怨恨，都會再彈回來傷到自己。你的不滿，換不到任何會使你快樂的情緒。

愚者追尋力量

謝謝你今天度過了像一個小偷的夜晚

謝謝你今天度過了像一個小偷的夜晚

2024
甲辰年

八月十六
水曜日

09
18.
SEPTEMBER
三

報喜不報憂的作法，會讓你開始習慣隱瞞需要處理的狀況。而這只是暫時不成為他人的包袱，但日後當你無法獨自解決問題時，才真的會帶給他人巨大的打擊與情感上的自責。

愚者追尋力量

願你今天可以看到別人美好的地方

2024
甲辰年

八月十七
木曜日

09
19.
㈣
SEPTEMBER

對生命中，不斷重複的負面模式感到疲憊嗎？你可以透過深呼吸，在每次吐氣時，將恐懼、擔心、憤怒及其他痛苦的情緒，一併吐出去。

愚者追尋力量

願我們都能被世界溫柔的對待

我們都要學會，如何去控制自己給出去的愛，形式也好、分量也好。而不要被對方的愛所控制。

愚者追尋力量

願你今天能夠透過呼吸來釋放緊張

2024
甲辰年
八月十九
土曜日

09
/
21.
SEPTEMBER
（六）

你期待的機會，將在適當的時機發生，不需要操之過急。你需要再想一想的是，當機會出現，你是否願意接受挑戰，進而去把握？

愚者追尋力量

願我們都不委屈求全的當自己的主角

24 節氣

Twenty-four
Solar
Terms

09
/
22.
日
SEPTEMBER

找一個不會被干擾的空間，透過呼吸與安靜去沈澱心情。試著讓情緒，不被他人的言語或是情緒掩蓋，協助自己做出明確且重要的決定。

秋分。

AUTUMN
EQUINOX.

蜂蜜水、蓮藕湯讓你不咳嗽傷風。

【蓮藕】

願我們可以放下自己過去的錯誤

2024
甲辰年

八月廿一
月曜日

09
/
23.
SEPTEMBER

生活中有這樣幾個人，他們只陪伴你，走一段人生的道路，半途就離開了。因為他的存在，了解愛恨、體驗各種你從來不曾經歷過的情緒。雖然，這幾個人就這樣離開了，實質上，他們讓你這個缺角的圓又更加圓滿了。

愚者追尋力量

願我們今天能改變一個日常生活中小小的壞習慣

2024
甲辰年

八月廿二
火曜日

09
24.
SEPTEMBER

為別人的勝利成功而去慶祝，是沾沾喜氣的好方法。為別人的幸福快樂而去給予祝福，更是分享好運的小訣竅。

愚者追尋力量

願我們今天能為自己做出一個小小的改變

2024
甲辰年

八月廿三
水曜日

09
/25.
二
SEPTEMBER

拿起一把梳子，慢慢的不要太用力，緩緩地去梳理你的三千煩惱絲。一次又一次的梳理過程，也順便幫腦袋裡的思緒梳理清楚。靜心，不用什麼特殊的場合或是地點，靜心、淨心隨時可以。

愚者追尋力量

願你今天可以看到別人美好的地方

2024
甲辰年

八月廿四
木曜日

09
/26.
SEPTEMBER
四

要擁有什麼才能自由？錢？權力？健康？也許你擁有以上的任何事物，都能獲得部分的自由。真正屬於你的自由，來自於你，能夠去創造出新的事物。

愚者追尋力量

願你今天無論遇到誰，都能夠好好的對待他人

2024
甲辰年

八月廿五
金曜日

09
/27.
SEPTEMBER
（五）

當你所在乎的人，願意對你付出，請先不要急著阻止他、拒絕他、怕他太過勞累。請你喜悅地收下，並且讓對方感覺到你的快樂。這才是對方最想要的回饋。

愚者追尋力量

牆仍今天能夠被發過啦吧水漾被影是

牆仍今天能夠被發過啦吧水漾被影是

2024
甲辰年

八月廿六
土曜日

09/
28.
六
SEPTEMBER

多一點信任與支持，給予和你一起努力打拼的夥伴。少一點批評與質疑，會讓你在團隊合作中，更快成功。

愚者追尋力量

願我們都不去用匱乏的心態去看待金錢

「誠實」是理性的最高原則，當你誠實面對自己，便能用最客觀的角度，去做出理性的判斷。

JUSTICE ∞ JUSTICE ∞ JUSTICE ∞ JUSTICE ∞

愚者追尋力量

願我們今天都能尊重自己的決定

2024
甲辰年

八月廿八
月曜日

09
30.
SEPTEMBER

吃苦耐勞是為了自己，而非為了其他人。奉獻所擁有的，是因為你願意，而不是勉強自己去做。

愚者追尋力量

關係今天可以輕鬆看到本轉的美好

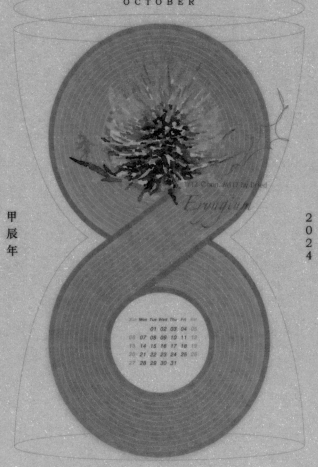

OCTOBER

甲辰年

2024

Sun	Mon	Tue	Wed	Thu	Fri	Sat
		01	02	03	04	05
06	07	08	09	10	11	12
13	14	15	16	17	18	19
20	21	22	23	24	25	26
27	28	29	30	31		

愚者追尋力量

OCTOBER

2024

甲辰年

愚者追尋代價

Sun Mon Tue Wed Thu Fri Sat
01 02 03 04 05
06 07 08 09 10 11 12
13 14 15 16 17 18 19
20 21 22 23 24 25 26
27 28 29 30 31

2024
甲辰年

八月廿九
火曜日

創造力是個很棒的情緒出口，協助你脫離負面情緒的低潮。我們一起透過音樂、繪畫、園藝……等活動來發揮創造力。

愚者追尋力量

願我們今天能為自己做出一個小小的改變

2024
甲辰年

八月三十
水曜日

10
02.

OCTOBER

三

你一定知道，不是所有的努力，都會得到成功的結果。請在心裡放個停損點，不會讓自己虛耗下去。

愚者追尋力量

願你今天可以看到別人美好的地方

選擇有苦往肚裡吞，只表現讓別人安心的樣子。長久以後，會成為這世界上最痛苦的人。別做這樣的選擇好嗎？

愚者追尋力量

願我們都能被世界溫柔的對待

2024
甲辰年

九月初二
金曜日

10
04.
OCTOBER

㊄

如果你不願去相信某人，那麼你，就不需要問他任何問題。因為得到的答案是否為真，都不會是你願意相信的。

愚者追尋力量

願你今天能夠透過呼吸來釋放緊張

2024
甲辰年

九月初三
土曜日

¹⁰
05._六
OCTOBER

不確定自己的興趣，就盲目往前衝的人，也許會僥倖、幸運的成功，卻難保長久。

愚者追尋力量

國族情報不受用匿名的心態才是待查證

國族情報不受用匿名的心態才是待查證

2024
甲辰年

九月初四
日曜日

10
06.日
OCTOBER

有一天，我們都註定要離開這個世界，所有的一切也是如此。因此，我們更應該拋下那些他人的那些眼光，以及阻礙你邁向幸福的過去。

愚者追尋力量

隨著情今天能放下一個最的怀念

2024
甲辰年

九月初五
月曜日

10
07.
OCTOBER

你可以去做任何想做的事情、可以
去犯錯，只要你知悔改；你可以去
愛你想愛的任何人、可以去爭取，
只要你不傷害到無辜的人。

愚者追尋力量

願我們今天可以打從心底心疼所有來自一個真心的關愛

10
08。
OCTOBER

現在你所恐懼的是什麼？如果你被那個恐懼抓住，那麼你的自由就會被限制。

寒露。

COLD
DEW.

一天一顆蘋果，
讓醫生遠離你是真的喔！

【蘋果】

願我們今天能為自己佈置一個小小的沼籃

2024
甲辰年

九月初七
水曜日

10
09.
三
OCTOBER

我們因為期待好的結果，而願意努力的付出。然而，當期待沒有被滿足時，那個情緒可能導致怨恨他人或是責怪自己。

愚者追尋力量

願你今天可以看到別人美好的地方

我相信自己有可能會做出，讓自己後悔的事情或是錯誤判斷。但我不打算後悔太久，我可以學得聰明一些，我正在往學習的方向前進。

愚者追尋力量

願我們今天能做出一個新的嘗試

願我們今天能做出一個新的嘗試

2024
甲辰年

九月初九
金曜日

10
11.
OCTOBER
㈤

每個人、每雙眼睛看到的顏色，都大同小異。不過，當你不再只用眼睛看世界，而是用身體、用心去經歷這個世界，那你當然可以得到，別人無法獲得的精彩。

愚者追尋力量

願你今天能夠透過呼吸來釋放緊張

願你今天能夠透過呼吸來釋放緊張

2024
甲辰年

九月初十
土曜日

10
12. 六
OCTOBER

生活中，只要願意出門、願意撥通電話。你隨時可以感覺到他人的存在。別讓自己一直困在孤獨裡頭。

愚者追尋力量

願我們都不去用匱乏的心態去看待金錢

2024
甲辰年

九月十一
日曜日

10
13._日
OCTOBER

緣分當然可以強求，只是最終不會
長久。不擇手段的方式仍會成功，
但又可以維持多久？

愚者追尋力量

願我們都能真正的去享受金錢帶來的美好

渴望穩定的人，擔憂改變的到來；喜歡新鮮刺激的人，期待改變的到來；能順應生活流動的人，接納改變的到來。無論如何，願或不願，改變就是會到來。

愚者追尋力量

願你今天能夠感受到安全，一切都安好

2024
甲辰年

九月十三
火曜日

10
15.
OCTOBER

工作這件事，需要你勤奮的、用心的、堅持的做。然而，不等於你必須失去生活品質。

愚者追尋力量

願我們今天能為自己做出一個小小的改變

2024
甲辰年

九月十四
水曜日

10
16.
OCTOBER
二

別傷害他人，是做人該有的底線，
別傷害自己，是做自己該有的底線。

SWORDS

愚者追尋力量

願你今天可以看到別人美好的地方

2024
甲辰年

九月十五
木曜日

10
17.
OCTOBER
四

當你清楚對方已經放棄了，繼續經營這段關係，只會繼續傷害彼此。那麼最好的做法就是，放棄繼續維持，而不去勉強對方或是埋怨對方。

愚者追尋力量

願你今天能夠有足夠的時間去做好想做的事情

絕對不在別人對你失望之前，就先對自己失望。現在，還有補救的機會與空間。

愚者追尋力量

願你今生能夠經歷所有的生命禮讚於歲月

2024
甲辰年

九月十七
土曜日

10
19.
六
OCTOBER

你的想像力，有時候會讓你以為面前的難關是無法度過的。倘若，身邊的人都看的出來你可以度過這個坎，那麼就別輕易放棄。

愚者追尋力量

醫療情報不正由置交的心態名重待委簿

2024
甲辰年

九月十八
日曜日

10

20._日

OCTOBER

我不去說破的，不是因為我真的不理解，不是因為我太傻，而是我不去計較！一直計較是更累人的事。

愚者追尋力量

願你能夠明白，你夠好，你可以信任自己

2024
甲辰年

九月十九
月曜日

感冒生病的時候，會去看醫生嗎？
其實當「心」生病的時候，也很需
要自己去主動求救與求助。

愚者追尋力量

願你今天能夠享受安穩而放鬆的睡眠

2024
甲辰年

九月廿十
火曜日

10
/22.
OCTOBER

一心想要做好某件事，要有一股「堅持到底」的決心，更要清楚自我的能耐，不要太勉強，請在做得到的範圍之內努力吧！

愚者追尋力量

願接情今天便發見已佛出一偈小偈沒讖

願接情今天便發見已佛出一偈小偈沒讖

24 節氣

Twenty-four
Solar
Terms

10
/
23. 三
OCTOBER

誰的成長過程，不曾遭受到批判與過度的期待？那樣的經歷，帶給我們無可抹滅的苦痛與傷痕。然而，一定也有個在乎你的、愛護你的人，在同時間守護著你。你也別輕易忘記，自己是被愛著的。

霜降。

FIRST
FROST.

來杯豆漿、吃顆柿子，
霜降晚秋，適宜平補。

【柿子】

願你今天可以看到別人美好的地方

2024
甲辰年

九月廿二
木曜日

10
24
OCTOBER
（四）

你喜歡被溫柔的對待吧！其實，你身邊的人也跟你一樣，渴望你溫柔的對待他。

愚者追尋力量

願我們都能被世界溫柔的對待

2024
甲辰年

九月廿三
金曜日

10

25.

㈤

OCTOBER

成長的階段中，一定會有段時間，是不知道該怎麼將自己定位清楚的。好像不是孩子，也不能算是大人；好像不是因為勇敢，卻又隨心所欲。這時候也不會有人告訴你，該怎麼走出自己的路，我們都在摸索中成長。

愚者追尋力量

願你今天能夠透過呼吸來釋放緊張

2024
甲辰年

九月廿四
土曜日

10
/
26.
OCTOBER
六

仔細想想，無論是家人或另一半，都有滿足你的需要嗎？無論是老闆或客戶，都有滿足你的需要嗎？內心的回答「是，都有」恭喜你！內心的回答「不，其實沒有」，再仔細想想「不能滿足每個人的需要」這件事真的很正常。

愚者追尋力量

你需要拿出勇氣、決心以及耐心，來掌控你自己的方向，變成你一直想成為的那個人。

愚者追尋力量

願你今天能夠輕鬆的、快樂的，享受自己的時間

2024
甲辰年

九月廿六
月曜日

10
28.
OCTOBER

令人悔恨的過去，不代表能夠阻礙你現在的成果。過去是沉淪的，更不代表你永遠就只能是那個樣子。

JUDGEMENT ∞ JUDGEMENT ∞ JUDGEMENT ∞ JUDGEMENT

愚者追尋力量

願我們都能和自己和睦相處

2024
甲辰年

九月廿七
火曜日

10
29.
二
OCTOBER

你的臥室、家裡的環境，會帶給你什麼樣的感覺？是歸屬感還是疲憊不堪？是安全感還是焦躁不安？倘若，你不是每天住在飯店旅館，那麼請花時間好好打造，這個在生活中，能夠帶給你歸屬感的好地方。

愚者追尋力量

願我們今天能為自己做出一個小小的改變

2024
甲辰年
九月廿八
水曜日

一個人做錯幾件事，不見得就是壞人；一個人做對幾件事，不見得就是好人。用冷靜的心去觀察別人，用熱情的心來做好自己。

愚者追尋力量

願你今生成為別人眼裡美好的祝福

2024
甲辰年

九月廿九
木曜日

10
31.
OCTOBER
四

好好地聽人說話，先不要急著打斷對方。好好地用和緩的語氣說，一句話、一段話。別人才會聽得下去。

愚者追尋力量

願你今天能夠有足夠的時間去做好想做的事情

NOVEMBER

甲辰年

2024

Plectranthus amboinicus

Sun	Mon	Tue	Wed	Thu	Fri	Sat
					01	
	04	05	06	07	08	
	11	12	13	14	15	
	18	19	20	21	22	
	25	26	27	28	29	

愚 者 追 尋 力 量

2024

甲辰年

Mon	Tue	Wed	Thu	Fri	Sat	Sun
				01		
04	05	06	07	08		
11	12	13	14	15		
18	19	20	21	22		
25	26	27	28	29		

陽春煙景大塊文章

2024
甲辰年

十月初一
金曜日

11
01.
㊄
NOVEMBER

你可以玩，但別去傷害他人。你可以追求想要的感情，但不要毀滅別人的感情。你可以做你自己，但不去迷失自己。

愚者追尋力量

國你今天每都透過時間加照經過你鑑進

2024
甲辰年

十月初二
土曜日

11
/
02.
六
NOVEMBER

為了讓自己的靈魂得到自由，能夠
經濟自主獨立，是絕對有必要的。

愚者追尋力量

醫親情報示名用匱支的心臟名層待委該

2024
甲辰年

十月初三
日曜日

11
03.
日
NOVEMBER

假期就是要有結束的一天才好啊！不然，怎麼會有下一次的假期，讓我們的生活充滿期待呢？

愚者追尋力量

願你今天能夠享受安穩而放鬆的睡眠

2024
甲辰年

十月初四
月曜日

11
04.
NOVEMBER

我不去尋找，那個可以讓我一直停留的港灣，我要去看見世界更多不同的風景。只想好好地做我自己，做一個跌倒了就爬起來的自己，做一個遇到困難，就想辦法去解決的自己。

愚者追尋力量

願我們都能保有一顆自由的、喜悅的心

2024
甲辰年

十月初五
火曜日

11
/05.二
NOVEMBER

若你不能做喜歡的工作，記得不要一直去抱怨。「抱怨」這種情緒，會讓你一直停留在負面的深淵。不能離開討厭的工作，那就去適應，讓自己不再那麼糾結。

愚者追尋力量

願我們今天能為自己做出一個小小的改變

2024
甲辰年

十月初六
水曜日

11
06.
三
NOVEMBER

「如果那時候再努力一點」，我們以為只要自己可以早一點，就會有所改變。事實是，會做出這樣的決定，是依照你的個性或是當時環境的影響。再來一次，不會有什麼不同。別在腦海裡面，一直想要修正過去，要修正的是未來。

愚者追尋力量

願你今天可以看到別人美好的地方

24 節氣

Twenty-four
Solar
Terms

¹¹
07.

（四）

NOVEMBER

我知道你很堅強，但有時候，我依然會想握住你的手，告訴你：「你真的做得很好、你真的很棒、我有看到你的努力。」

立冬。

BEGINNING OF WINTER ｜ 來點清淡的雞肉、魚肉，避免燥熱進補，讓身體「火上加火」！

【雞肉＋魚肉】

隨我佛今天徒佛出一個新的青足

隨我佛今天徒佛出一個新的青足

2024
甲辰年

十月初八
金曜日

11
08.
NOVEMBER
(五)

你所愛的人，知道你有多麼愛他嗎？請對你衷心所愛的人，表達愛、說出關心與在乎的言語。

愚者追尋力量

願你今天能夠透過呼吸來釋放緊張

2024
甲辰年

十月初九
土曜日

11
09.
六
NOVEMBER

這個社會上，有許多努力生活著的人，遠比我們想像的活得更加辛苦。當你選擇去幫助別人、去體察別人的需要，即使是一點點能力所及的幫助，都能為你帶來無可取代的快樂。

愚者追尋力量

圈裡情報牛羊用匿名的心確羊屠待要錢

2024
甲辰年

十月初十
日曜日

11
10.
日
NOVEMBER

對於要長遠在一起的彼此來說，去了解對方到底在生活上追求的是什麼，而彼此折衷讓步去相處並取得共識，是相處長久的良方。

愚者追尋力量

願你今天能夠成為一個小小的種子，發芽成為未來一個大大的護物

2024

甲辰年

十月十一
月曜日

11

11.

NOVEMBER

千萬不要一再的忽略，內在發出的聲音，否則，你即將失去自己的直覺。

愚者追尋力量

願我們都明白自己不夠完美是正常的

2024
甲辰年

十月十二
火曜日

11

12.
NOVEMBER
二

不需要去害怕跟別人競爭。在結果出爐之前，你有贏的機會，也有輸的可能。而你可以先去相信自己會贏。

愚者追尋力量

關我情今天使發見自己佛出一個小小的玩藝

2024
甲辰年

十月十三
水曜日

11
13.
二
NOVEMBER

當然別人可以帶給我快樂感、幸福感。但當我不讓自己快樂，不允許自己幸福的時候，誰又能阻止我自困其中？

愚者追尋力量

祝你今天可以看到別人美好的地方

2024
甲辰年

十月十四
木曜日

11
14.
NOVEMBER
四

好強的時候，會盡力勉強自己去做，不見得擅長或是喜歡的事，但這樣對待自己，並非是堅強的表現。當你願意對自己不擅長的事坦承，溫柔的接納自己還在學習的路上，便是堅強。

愚者追尋力量

願你今天無論遇到誰，都能夠好好的對待他人

愛能夠帶來的美好無可言喻。然而，我們都需要明白的是，錯誤的愛法卻會導致不幸。

愚者追尋力量

願你今天夠愛絕過昨天的你更令你滿足

2024
甲辰年

十月十六
土曜日

11
16.
六
NOVEMBER

「夠用就好了」這樣的想法。會讓你發現日常生活的必要開銷，沒你想的這麼多，並且你仍然可以過著有質感的生活。

愚者追尋力量

歸被憐惜示名由匿之的心能手看待至錢

2024
甲辰年
十月十七
日曜日

11
17. 日
NOVEMBER

去關心身邊的人，去分享遇到的好事，讓自己看起來神采奕奕，這就是吸引力法則的日常作法。

愚者追尋力量

願我們都明白自己值得美好的事物

進食時間不固定，不健康的飲食，無法帶給你好的未來。今天，好好餵自己吃下帶來健康的食物。養成自律的習慣，能夠為自己製造，更多想要的機會與美好的生活。

愚者追尋力量

願你今天能夠專注在需要完成的事情上

11
19.
二
NOVEMBER

現在還沒有離開的，不用捨不得。

將來也許會離開的，到時候，捨不

捨得還不一定呢！

愚者追尋力量

嗯我很好今天沒見到妳覺得一個世界已經變得不一樣似的小

嗯我很好今天沒見到妳覺得一個世界已經變得不一樣似的小

2024
甲辰年

十月廿十
水曜日

11
20.
(三)
NOVEMBER

有時就算想破頭，還是會對未來感到迷惘。如果此時此刻你真的想不出來，又有什麼關係？換個方向，我們來想想，可以為我們所愛的人，做些什麼吧！

SWORDS SWORDS SWORDS SWORDS

愚者追尋力量

瘋伸今天沒有看到別人美好的地方

2024

甲辰年

十月廿一
木曜日

你一定明白自己有多麼脆弱，但你
不見得會了解，自己有多麼堅強。
請給脆弱的自己，一個溫柔的擁抱。

愚者追尋力量

24 節氣

Twenty-four
Solar
Terms

11
/22.㈤
NOVEMBER

你好好凝視鏡子中的自己，是什麼時候的事？你好好凝視在別人眼中映照出來的自己，是什麼時候的事？愛自己之前，需要先花一些時間來認識自己。

小雪。

LIGHT
SNOW.

這時千萬別著涼，
來杯黑豆茶、牛肉湯。

【黑豆茶】

願你今天能夠經過咳嗽如常承接祝福

2024
甲辰年

十月廿三
土曜日

11
23.
NOVEMBER

如果，你的投資是花一輩子時間，讓別人喜歡自己，那真的是太艱難了。來！來！來！試試看，投資在自己身上，讓自己學會快樂，這真的是太划算了。

愚者追尋力量

窺探們讓不名由匱乏的心能否定毒待委錢

2024
甲辰年

十月廿四
日曜日

11
24.

NOVEMBER
日

知識不斷的日新月異，我願意接受不同的聲音。畢竟，「我的方式，並非是唯一的方式」。

愚者追尋力量

願你今天能夠學習到一個對自己好的方式

2024
甲辰年

十月廿五
月曜日

11／**25.**
NOVEMBER

當你遇見一個在一起會令你快樂的人，才去戀愛，而不需要為了戀愛而戀愛；當你遇見一個在一起會讓你想給他快樂的人，才去結婚，而不需要為了結婚而結婚。

愚者追尋力量

願你能夠明白，你真的真的值得被愛

2024
甲辰年

十月廿六
火曜日

做到最好，是理所當然？沒有最好的成績，是因為努力不夠？在一個凡事追求成功，不接受失敗的人生裡頭，這該多麼疲憊啊！

愚者追尋力量

慶接情今天能看見自己佛出一個小小的笑臉

2024
甲辰年

十月廿七
水曜日

11
27.
二
NOVEMBER

不在心中偏袒任何人、任何意見。

你現在需要的是平靜。靜下心來，

再去做你需要的決定。

愚者追尋力量

願你今天可以看到別人美好的地方

能夠送給朋友最好的禮物之一，是不在他人面前，隨意提起朋友的私事。

愚者追尋力量

願我們都能被世界溫柔的對待

2024
甲辰年

十月廿九
金曜日

11/

29.

⑤

NOVEMBER

這個世界不存在著從頭到尾，都能對你不離不棄的人，包含你自己。也許可能在某天會看見深淵，也許會決定過著自我放棄的生活。但，現在還不到那個時候，你依然可以學習，對自己好一點。

愚者追尋力量

願你今天能夠透過呼吸來釋放緊張

2024
甲辰年

十月三十
土曜日

11/
30.
六
NOVEMBER

其實不是真的不會整理環境，而是不曉得要怎麼跟過去道別。更多時候，我們看著留在身旁的東西，寧願看著想念也不願清理。這樣不願和過去說再見的我們，導致生活就這樣困在那裡。

愚者追尋力量

願我們都不去用匱乏的心態去看待金錢

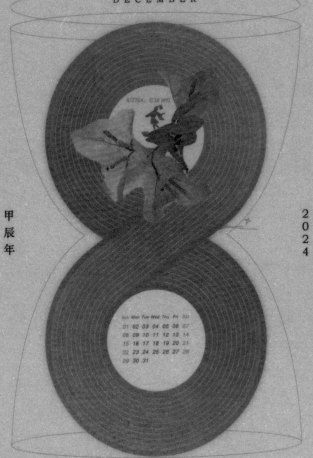

甲辰年

2024

4/2264... ©28 MH2

Sun	Mon	Tue	Wed	Thu	Fri	Sat
01	02	03	04	05	06	07
08	09	10	11	12	13	14
15	16	17	18	19	20	21
22	23	24	25	26	27	28
29	30	31				

愚者追尋力量

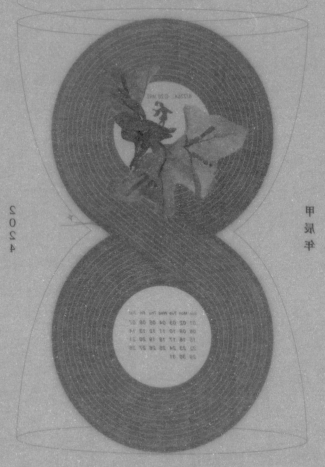

2024

甲辰年

十一月初一

日曜日

¹²∕**01.** ⊟

DECEMBER

情緒要保持穩定與接受，真的好困難。就因為如此困難，所以我們需要學習，去處理自己的情緒，而不是一昧放任發洩。

愚者追尋力量

願你能夠明白，你值得被珍惜

2024
甲辰年

十一月初二
月 曜 日

12
02.
DECEMBER

心裡的渴望與生理的行為，若是無法同調，就像自己跟自己打架，很難得到平靜與快樂。

愚者追尋力量

願你今天可以放下一切不必要的恐懼

需要別人來協助你，並不代表你無能，只是代表你這個時候需要援助而已。換個角度，你必然不希望，你所伸出手去協助的人，對方會覺得自己很丟臉。

愚者追尋力量

隨桃情令天使返身已佛即一個小小的祝寶

2024
甲辰年

十一月初四
水 曜 日

12
04.
三
DECEMBER

在深夜裡，一個人獨處的空間，為多年前曾受的委屈或是羞愧而縈繞於心。我會煩惱、會後悔、會耿耿於懷過去的許多事情。這是再正常不過的情緒，我與別人在這一點上，沒有什麼不同。

愚者追尋力量

願你今天可以看到別人美好的地方

2024
甲辰年

十一月初五
木曜日

12
05.
四
DECEMBER

已經用盡全力了，已經比過去的自己更加努力了，卻仍然一無所獲。能夠接受這樣子的失敗經歷，才能讓你繼續向前行走。

愚者追尋力量

願你今天無論遇到誰，都能夠好好的對待他人

24 節氣

Twenty-four
Solar
Terms

12
／
06.
五

DECEMBER

「被愛」這句詞，像極了愛情裡頭最美好的樣子。但若是接受被愛而無法回饋，感情如何長久？我們仍然渴望的是，那個對你好，你也願意對他付出的人。

大雪。

辣椒、花椒、薑、大蒜……
辛香料來溫暖身體。

【辣椒＋薑＋大蒜】

願你今天能夠透過呼吸來釋放緊張

2024
甲辰年

十一月初七
土曜日

12
/
07.
DECEMBER
六

幾乎所有的人生重大問題，都無法靠錢來完全解決。我們都需要錢，只是不需要讓錢，成為生活上的唯一重心。

愚者追尋力量

願我們都不去用匱乏的心態去看待金錢

12
08.日
DECEMBER

就讓自己安靜地坐著或是躺著，輕輕地閉上眼睛。去聽來自身旁的聲音，你聽見了什麼？去聽來自內心的聲音，你聽見了什麼？

愚者追尋力量

願我們可以放下自己過去的錯誤

2024
甲辰年

十一月初九
月曜日

12
09.
DECEMBER

「順其自然」是凡事不去強求，順著自然環境的發展。當做一件困難的事情，找不出好的解決辦法時，就隨它去。過一段時間再來看清這個事件。

愚者追尋力量

願我們今天能改變一個日常生活中小小的壞習慣

2024
甲辰年

十一月初十
火曜日

12
10.
二
DECEMBER

當你非常努力的，讓焦慮不要出現的時候，你就開始焦慮了；當你非常努力的，讓放鬆浮現的時候，你就開始焦慮了。請你只專心在自己的呼吸，不用太快、不用太慢，聽你身體發出來的聲音，只要注意呼吸就好。

愚者追尋力量

隨後情今天使洗貝召佛一個小偏少的施籌

2024
甲辰年
十一月十一
水曜日

擁有不一定是好，沒有得到不一定是不好。能不能擁有？我們不見得能作主。而自己好不好，卻是掌握在你自己。

愚者追尋力量

讓你今天可以看到別人美好的明天

在道歉的時候，要讓人感受到你的誠意所在。事實是，對錯比輸贏更重要。但是，良好的態度才能讓人接受事實與對錯。

愚者追尋力量

願佛今天能夠有名為聞名字佛的福佛的事情

2024
甲辰年

十一月十三
金曜日

12
13.
㊄
DECEMBER

想讓爸媽覺得驕傲、想讓老闆肯定自己、想讓另一半更愛自己。這一些期待，都需要你先去滿足他人的需求。而為了滿足他人的需求，會讓自己陷入了壓力的泥沼之中，難以逃脫失去自由。

愚者追尋力量

願你今天能夠透過呼吸來釋放緊張

經濟上的自立，是有利於感情關係的維繫。自己有賺錢，並且當你願意，照著兩人認為合理的比例，去負擔約會或是生活中的共同支出，這樣一來，在關係中發表個人意見時，更能保有說話的份量、更能得到對方的尊重。

愚者追尋力量

順接情報不是由直接的心理主體所構成

2024
甲辰年

十一月十五
日曜日

12
15.㊐
DECEMBER

人生有許多變化，有著幸運也有著
倒楣的時候。接受過去所發生的事，
用心去感受這一切的發生，在理性
的走向下一步，才是你對命運最好
的安排。

愚者追尋力量

願我們今天都能尊重自己的決定

當你不滿意生活現狀時，不要忍耐，去做些改變吧！當你被身邊的人不停傷害時，不要忍耐，替自己多想一點吧！有太多時候，一直忍受也未必會有盡頭。

愚者追尋力量

願你今天可以感受到平靜的美好

2024
甲辰年
十一月十七
火曜日

12
17.
DECEMBER

在讓你受傷的那個地方、聽那句讓你心痛的話。你當然想要趕快好起來，快一點！再快一點！當我們想要好起來，就需要面對讓我們受傷的那個人、那句話。

愚者追尋力量

願我們今天能為自己做出一個小小的改變

2024
甲辰年

十一月十八
水 曜 日

¹²
18._三

DECEMBER

當你不可控制的感受到恐慌、害怕
失去某個人。那並不是純粹的愛，
而是被內心的佔有慾所影響。

愚者追尋力量

願你今天可以看到別人美好的地方

你的未來，由內心與內在的指引來尋找。這不是別人可以代勞的。

愚者追尋力量

歸依佛今不墮畜生一個都不信的意思

2024
甲辰年

十一月廿十
金曜日

12
20.
㈤
DECEMBER

千萬不可抱持著「反正又沒有人了解我」的想法。這樣的思維，將會讓你逐漸走向孤獨之路。

愚者追尋力量

願你今天能夠過得好明天就能得到幸福

24 節氣

Twenty-four
Solar
Terms

若你將大把大把的時間都奉獻給工作，把自己埋首在各式各樣的辦公文件裡，手機訊息永遠回不完，待辦的便利貼總是撕不完。就這樣，你就這樣的，錯過了去尋找自己愛的人，與花時間珍惜愛自己的人。

冬至。

WINTER
SOLSTICE.

冬至進補，桂圓粥、紅豆湯為你補養心脾。

【桂圓＋紅棗】

願我們都不去用匱乏的心態去看待金錢

2024
甲辰年

十一月廿二
日 曜 日

12
22.
日
DECEMBER

我們常常會惦記著，不再回頭的那個人，惦記著再也不會拿去修理的東西，惦記著過去美好的回憶。如此一來，導致我們選擇了活在過去，時常看不見現在的自己，長成了什麼模樣。

愚者追尋力量

愿我情今天能抓下一個懷的信念

愿我情今天能抓下一個懷的信念

2024
甲辰年

十一月廿三
月曜日

12
23.
DECEMBER

凡事過猶不及是真理。而我們都還在摸索的過程中，學習凡事不要做太多、也不要做太少，要剛剛好。

愚者追尋力量

願我們今天可以打從心底對外綻放出一個真心的微笑

2024
甲辰年

十一月廿四
火 曜 日

12

24.

DECEMBER

在某些狀況下，「擁有」會轉化成一種束縛、一種框架、一種不甘丟棄的情緒。而讓我們忘了放手後的自由。

愚者追尋力量

願我們今天愛我見自己佛由一個小媽的路續

2024

甲辰年

十一月廿五

水曜日

12/

25.

DECEMBER

不是每個時刻，我們都會清楚自己想做什麼、該做什麼。想要釋懷的事、想讓它過去的事，究竟如何做，也會浮現迷惘。這時候不該做的是，勉強自己。要做的是，給自己一些耐心、多給自己一點愛。

愚者追尋力量

願你今生永遠看到人間到處是美好的神奇

偷偷告訴你，幸福是不會自己走過來的。不過，如果你願意起身去迎接它，那麼幸福仍願意翩然而至。

PENTACLES ∞ PENTACLES ∞ PENTACLES ∞ PENTACLES ∞

愚者追尋力量

願我們今天能做出一個新的嘗試

2024
甲辰年

十一月廿七
金曜日

12
27.
（五）
DECEMBER

常常聽到別人這樣說：「生氣會長皺紋、會變老變醜。似乎不生氣比較好？」然而，那些被你積壓的情緒又該往哪裡跑呢？找找看，如何在生氣之後，能夠減緩自己情緒的方法吧！

愚者追尋力量

關你今天到完整與恰如其分的無線報告

2024
甲辰年

十一月廿八
土曜日

¹²
28.
DECEMBER
㊅

無論你現在正值什麼樣的年紀，只要你發現對現況、對年紀感到有點焦慮，那就要停下來。好好思考下一步自己想做的事，別被別人口中的年齡，去逼得自己將就任何事。

愚者追尋力量

願我們都不去用匱乏的心態去看待金錢

2024
甲辰年
十一月廿九
日曜日

「愈多愈好」這樣的想法，會把你拖向慾望的深淵。讓你去追求想要的、非必要的，而無法滿足於你已經現有的，無法對於已經擁有的感到幸福。

愚者追尋力量

願我們都能真正的去享受金錢帶來的美好

2024
甲辰年

十一月三十
月曜日

12
30.
DECEMBER

擋在眼前的濃霧，總有一天會散去；擋在眼前的人，總有一天會離開。不過，如果遮住眼睛的手，是你自己。你的總有一天又是什麼時候？

愚者追尋力量

願你今天能夠變得更勇敢，一切都會更好

2024
甲辰年

十二月初一
火曜日

12
31.
DECEMBER

你還記得已經離去的那個人，不是為了那個人有多愛你、有多麼重視你。是因為，他並沒有好好的跟你道別，他就這樣離開了，讓你充滿不甘、充滿疑問、造成遺憾。我們不做這樣子的人。未來，在離開任何人之前，我會好好的道別，不讓別人的人生留下遺憾。

愚者追尋力量

願我們今天能為自己做出一個小小的改變